O TRANSEXUALISMO

HENRY FRIGNET

O TRANSEXUALISMO

TRADUÇÃO
Procopio Abreu

Companhia de Freud
editora

Título Original
Le transsexualisme

Direitos de edição em língua portuguesa adquiridos pela
Editora Campo Matêmico

Editoração Eletrônica
FA - Editoração Eletrônica

Tradução
Procopio Abreu

Revisão
Sandra Regina Felgueiras

Editores Responsáveis
José Nazar
Luiz Roberto Klaczko

FICHA CATALOGRÁFICA

F912t

Frignet, Henry
O transexualismo / Henry Frignet; [tradução Procópio Abreu]. – Rio de Janeiro: Companhia de Freud, 2002.

144 p. ; 23 cm

ISBN 85-85717-62-9

1. Identidade sexual. 2. Sexo – Diferenças (psicologia). 3. Transexualismo. I. Abreu Procópio. II. Título.

CDD-155.33

Companhia de Freud
editora

Endereço para Correspondência
Rua da Candelária, 86 - 6º andar
Tel.: (21) 2263-3960 • (21) 2263-3891
Centro - Rio de Janeiro
e-mail: tereza@ism.com.br

Índice

Agradecimentos

Eu queria agradecer particularmente ao doutor Marcel CZERMAK, cujo ensino na Escola Psicanalítica de Sainte Anne e na Association freudienne internationale foi para mim muito estimulante. A precisão da clínica que ele me transmitiu constituiu um apoio indispensável na redação deste trabalho.

Agradeço também ao senhor Procopio Abreu pela sua tradução e a minha colega Angela Jesuino Ferreto para a revisão da tradução da parte clínica.

A ajuda de Ollia teve também grande importância para mim nesta última fase.

Prefácio

Desde a noite dos tempos, o ser humano vem sendo obrigado a se conformar com seu sexo e a admitir que pertence ou à gente feminina, ou à gente masculina. Ainda que essa situação lhe desagrade, ele não tem escolha: ele nasceu homem ou ela nasceu mulher e devem a isso se acomodar, mesmo que para alguns isso valha o que vale. De algumas dezenas de anos para cá, no entanto, esta obrigação fundamental não é mais recebida com tanta inflexibilidade quanto antes. Alguns alegam que teria havido erro da natureza quanto a seu sexo real e desacordo entre este e o que dele sentem nas profundezas de si mesmos; fortalecidos pelos avanços da ciência e da medicina, estariam, por conseguinte, no direito de recusar a sorte anatômica que lhes foi imposta pelo nascimento. O homem que o deseja poderia, assim, metamorfosear-se em mulher e a mulher, em homem. Embora se trate aí de fenômeno recente, o transexualismo pareceria entrar nos costumes com uma facilidade desconcertante, e sua aparição mandaria, assim, para o esquecimento da história, um dado essencial da condição humana.

Para aquele que se limita a examinar essa situação de longe, a possibilidade de mudar de sexo apresenta-se, portanto, ao mesmo tempo como uma vitória da liberdade individual e uma nova conquista da ciência. Em outras palavras, estaríamos assistindo a uma etapa lógica na liberação dos costumes, após as etapas da emancipação feminina, da contracepção ou do reconhecimento social da homossexualidade. Tratar-se-ia, de certo modo, de um direito humano suplementar quanto à vida privada: o direito de escolher o sexo.

Entretanto, se nos interessarmos mais de perto, rápido perceberemos que a questão não é tão simples quanto parece – longe disso – e que numerosas crenças sem fundamento a isso se ligam. Por exemplo, ao contrário do que muitos pensam, o transexualismo não tem muita relação com a homossexualidade. Bem mais, a maioria dos travestis nada tem em comum com os transexuais. Com efeito, como Henry Frignet vai nos mostrar, as questões que se colocam para uns e para outros são inteiramente diversas. Do que resulta isto, que tem sua importância e que merece ser de imediato precisado: o apagamento do puritanismo, a retirada da repressão em matéria de sexualidade, ou, ainda, o reconhecimento de uma vida comum à vista de todos para os homossexuais não impedem nem um pouco que tenhamos que nos interrogar sobre uma prática médica que, para responder à demanda, aceita sem mais nem menos mutilar homens e mulheres de maneira irreversível.

Assim, a questão da legitimidade e da utilidade de um tratamento tão radical deve ser colocada, ainda mais que o transexualismo está em via de globalizar-se e que o aperfeiçoamento dos métodos cirúrgicos e dos tratamentos hormonais que caminham junto com eles leva certos profissionais a militarem a favor de intervenções cada vez mais precoces: se forem escutados, breve não será mais necessário esperar a maioridade para que se possa usufruir desse direito moderno. Conviria até intervir o mais cedo possível e até os pré-adolescentes poderiam passar de um sexo ao outro, caso o desejassem.

Ora, estranhamente, a questão das conseqüências a longo prazo da operação raramente é colocada. Uma vez efetuada a constatação segundo a qual, em aparência, a transformação foi bem-sucedida, os partidários da intervenção e os que a praticam ficam satisfeitos. E, com efeito, quase sempre, a metamorfose física afigura-se clinicamente satisfatória: as possibilidades cirúrgicas atuais permitem retificações da aparência estética bem como das possibilidades funcionais externas quase irrepreensíveis. Mas, para além do questionamento da imagem, a clínica parece ter sido deixada de lado, e poucas investigações sérias têm sido realizadas. As que conhecemos não são muito convincentes: o tratamento hormonocirúrgico em nada modifica a problemática na qual se debatia o sujeito que pediu para ser operado. Pelo contrário, essa problemática acha-se como que petrificada, de modo que o transexual perdeu as possibilidades evolutivas que podiam existir antes de sua transformação.

Ora, os males do transexualismo não desaparecem num golpe de mágica hormonocirúrgica, pois seu problema fundamental decorre da identidade sexual e sexuada, e esta identidade também é tributária da linguagem. Como prova, o fato de que, para além da medicina, o transexual sistematicamente faz apelo ao direito. Aos olhos do paciente, a operação só está encerrada ao passar pelos registros legais: ele quer imperativamente que a transformação física seja reconhecida e quase sempre faz questão, acima de tudo, que ela implique não só uma mudança de prenome – que, aliás, não basta –, mas também uma mudança de estado civil. O que quer o homem que deseja metamorfosear-se em mulher é, antes de tudo, *ser dito* mulher; seria então legítimo nos perguntarmos se, já que é para acabar em palavras, não seria conveniente, antes de se entregar ao cirurgião, começar precisamente... pelas palavras.

Além disso, o pedido de reconhecimento legal do transexual tem de particular o fato de colocar a problemática no plano social, outro aspecto que a obra de Henry Frignet leva em conta ao ater-se notadamente às decisões das diferentes instâncias jurídicas chamadas a se pronunciar sobre alguns casos litigiosos. Aí também, questões devem ser colocadas: por que a sociedade admite tão facilmente a resposta médica a uma demanda no âmbito sexual, embora se assuste e a ciência a atemorize quando outros tabus entram em jogo, como é o caso da eutanásia, da clonagem humana e das manipulações genéticas? Não haveria aqui a marca de uma espécie de complacência, até mesmo de gozo do social em confundir progresso técnico e progresso de civilização?

Quanto a este ponto, a reflexão psicanalítica pode afigurar-se esclarecedora. Freud nos havia prevenido em seu *Mal-estar na civilização* de que a via de uma maior liberdade não coincidia com um progresso da civilização. "O que fervilha numa comunidade humana enquanto força rumo à liberdade pode ser revolta contra uma injustiça existente e ser, assim, favorável a um desenvolvimento ulterior da cultura, permanecer conciliável com a cultura. Mas tal aspiração também pode provir de um resto da personalidade original que a cultura não domou e se tornar, dessa maneira, o fundamento da hostilidade à cultura".

Que o leitor não espere encontrar aqui um debate contraditório. As páginas que se seguem querem permitir a cada um tomar posição sobre uma questão que põe em jogo a identidade – em sua expressão sexual – dos seres humanos, sua relação com a medicina e, mais além, as novas relações que estão se estabelecendo com o que se convencionou chamar o "real".

Jean-Pierre Lebrun

Introdução

Nos dias de hoje, é difícil a grande imprensa ou a televisão passar uma semana sem falar do transexualismo. Quase sempre se trata, no que é exposto ao público, de relatar a façanha daquele ou daquela que conseguiu, ao obter da medicina e da cirurgia que modificassem radicalmente seu corpo, ir além daquilo que as convenções sociais em geral admitem no jogo da aparência física e vestimentar. O homem "tornado mulher" – que é o caso mais freqüente –, mas também a "mulher tornada homem" chegam então, a título desse avanço sensacional, à notoriedade, o que lhes assegura um nome nos meios de comunicação. Para dar apenas alguns exemplos recentes, lembremos o caso do rapaz tornado a cantora popular "Dana International", que obteve o grande prêmio Eurovision da canção; ou ainda a grande *première* que foi a eleição de Georgina Beyer, transexual tornado mulher, para o parlamento da Nova Zelândia. Houve também, nos Estados Unidos, a espantosa história do capitão dos bombeiros de Los Angeles que, após ter mudado de sexo, se viu na obrigação de comandar enquanto mulher aqueles que ele anteriormente levava ao fogo com seu punho viril.

Os interessados, aqueles que pediram e aceitaram os imperativos físicos da "mudança de sexo", não são os únicos a estarem sob as luzes dos meios de comunicação. Os artesãos da transformação também têm direito aos elogios da imprensa por sua audácia e habilidade: mencionemos, sempre nos Estados Unidos, o retrato do cirurgião Stanley Biber, que fez a fortuna de sua cidade transformada em um dos centros mundiais da "indústria da mudança de sexo", lá operando, ao longo dos anos, pessoas vindas de todos os estados americanos, até mesmo do exterior.

Às vezes, trata-se também não mais de contar a aventura desses aventureiros da modernidade, mas de dar-lhes fala e rosto em programas que relatam seu percurso, os obstáculos que tiveram de vencer para realizar seu voto, de expor as mudanças entre um antes, feito de sofrimentos de insatisfação, de impossibilidade de integração social, e um depois que mostra as dificuldades enfim resolvidas por um indivíduo doravante à vontade em seu corpo e em sua pele e que encontrou na mudança de sexo a solução para seus males.

Esses artigos e esses programas têm todos um traço comum: nenhum se interroga realmente sobre o que é este fenômeno estranho e inédito até há algumas dezenas de anos, sobre sua natureza patológica ou não, sobre sua razão individual ou social, nem sobre o que assegura seu desenvolvimento, não só nas sociedades ocidentais, mas agora mais ou menos no mundo inteiro. Nenhum tem em vista, tampouco, as surpreendentes contorções que o transexualismo impõe ao direito quando se trata, de agora em diante, de precisar o que permite definir no estado civil um indivíduo como sendo de sexo masculino ou de sexo feminino.

Digamos de imediato que, se essas interrogações fossem levadas em conta, o transexualismo perderia o caráter discretamente sulfuroso que lhe permite retornar com freqüência às colunas e aos programas igual a um comércio do sensacional: ora, em tal categoria, o apetite do leitor ou do espectador pede sempre a repetição idêntica do mesmo espetáculo, do qual nenhuma análise deve vir desvendar as forças que o movem ou suscitar um questionamento sobre a fascinação que ele exerce; não se pode, pois, prestar muita atenção às justificações humanistas geralmente formuladas para esses artigos de imprensa ou programas de televisão.

E isto por uma boa razão: como estamos expondo nesta obra, o interesse dos meios de comunicação pelo transexualismo faz parte do próprio fenômeno. Com efeito, constatamos que os meios de comunicação contribuíram para a criação deste sintoma social moderno e participam da sua manutenção, ao se fazerem, diante do público, os chantres da ilusão da mudança de sexo. Pois, se uma modificação da aparência sexual do corpo é agora possível, mudar de sexo é uma ilusão, e o ser humano – ao contrário de certos animais – permanecerá, no que diz respeito ao sexo, portador até a morte daquilo que o real de seu corpo instaurou desde sua concepção.

O que permitiu o nascimento do fenômeno do transexualismo encontra sua origem nas possibilidades abertas, a partir do início do século XX, pelo progresso dos conhecimentos endocrinológicos no âmbito do sexual e das técnicas de tratamentos hormonais. Estes progressos permitem, de agora em diante, modificar a aparência de uma pessoa: fazer crescer seios num homem, reduzindo, ao mesmo tempo, a importância de seus caracteres viris externos – musculatura, voz, pilosidade, etc –, bem como dar ao corpo de uma mulher uma silhueta próxima da de um homem. Estas novas possibilidades foram acompanhadas do avanço das técnicas no âmbito da cirurgia sexual: a ablação do pênis e dos testículos substituídos por uma vagina estética e funcionalmente quase perfeita e, hoje, a criação de um pênis e de bolsas cuja aparência é quase idêntica às de um homem tornam possível uma transformação corporal com a qual a cirurgia estética nunca ainda ousara sonhar.

O ato de nascimento do transexualismo, constituído pela primeira tentativa terapêutica hormonal e cirúrgica realizada – com todo o conhecimento de causa – na Dinamarca, em fins de 1952, ilustra bem o encontro das diversas condições necessárias ao aparecimento do fenômeno transexual.

O que estamos expondo nesta obra, fora do aspecto histórico do transexualismo e de particularidades que só adquirem seu sentido ao se examinar o que acontece em outros lugares – essencialmente nos Estados Unidos –, vai ater-se ao transexualismo tal como ele existe nos países da Europa Ocidental, ali onde, fora do interesse que a ele prestam os meios de comunicação, ele continua sendo considerado um problema fundamentalmente médico. Como veremos, tal não é o caso nos Estados Unidos, onde o lugar político e social do fenômeno tornou-se, de uns vinte anos para cá, inteiramente preponderante quanto às considerações médicas. Mas o estudo político-sociológico que seria necessário para expô-lo tornaria confusa para o leitor a apreensão de um fenômeno muito complexo, cujas determinações, assim como as conseqüências, vão bem além de seu aspecto aparentemente anedótico. Tal estudo saía dos limites de nosso presente trabalho, e nele não nos demoramos.

Propomos, pois, neste livro, o resultado de uma experiência clínica, aquela que nossa prática de psicanalista e de psiquiatra nos permitiu adquirir ao longo do tempo. Não é indiferente ela ter começado no hospital psiquiátrico, em contato com a loucura, já que o transexualismo só se manifestava até então através desta forma bem singular de psicose encontrada nos sujeitos que aqui chamaremos "transexuais", aqueles nos quais a patologia em causa diz essencialmente respeito ao indivíduo em sua relação consigo mesmo.

Mas nosso trabalho é também o resultado de uma pesquisa e de uma reflexão sobre a articulação, no fenômeno do transexualismo, entre o individual e o social. Esta reflexão nos conduziu a distinguir uma outra manifestação do transexualismo, que não está enraizada na psicose como assim está a patologia dos transexuais, e cuja eclosão permite, desde 1953, falar de "fenômeno transexual". Esta síndrome diz respeito àqueles que chamamos "transexualistas", para retomar o termo utilizado por Lacan, em 1971. Mostraremos que, neles, o transexualismo é, antes de tudo, uma resposta, de modo exacerbado – a ponto de não hesitarem e até reclamarem as intervenções hormonocirúrgicas de mudança de aparência sexual –, à recusa social da diferença dos sexos, doravante identificável em nossas culturas.

Os pequenos trechos de entrevistas clínicas que apresentamos no capítulo 3 ilustram bem essa distinção e expõem o próprio discurso do transexualismo – provenha ele de transexuais ou de transexualistas – de maneira bem diferente do que as autobiografias ou os meios de comunicação deixam ler e entender.

A clínica que disso se depreende aborda o que é apresentado como a teorização de uma recusa crescente da diferença dos sexos – a qual, em nossas sociedades contemporâneas, se manifesta em muitos outros domínios, mas encontra seu apogeu no fenômeno transexual: trata-se do apagamento da noção de *sexo*, progressivamente substituída, sob a influência de teorias socioantropológicas recentes, pela noção de *gênero*. Se aí só se trata, em aparência, de uma mudança de vocabulário, esta recobre uma modificação maior na apreensão do lugar do sexo: este último está enraizado numa bipartição anatômica da espécie humana, aquela estabelecida pelo real anatomobiológico do corpo – macho ou fêmea. Ao passo que o gênero, este, dele está, ao contrário, completamente liberado e refere apenas o hábito social de uma pessoa, eventualmente governada por seu desejo.

Mostraremos as conseqüências desse apagamento do sexo pelo gênero. Sociologicamente, e até politicamente, elas são consideráveis, e o são ainda mais porquanto a extensão do fenômeno a partir da América do Norte é concomitante com a expansão mundial de seu modelo econômico dominante.

O aparecimento do fenômeno transexual não deixou de ter conseqüências no direito. Solicitado por aqueles que, tendo sofrido uma transformação da aparência sexual, reclamam em seguida, com insistência, o reconhecimento legal de seu "novo sexo", o direito foi levado não só a decidir conceder ou não esse reconhecimento e a definir seus critérios, mas também a debruçar-se sobre a definição jurídica do sexo. Por extensão, juristas e magistrados tiveram de refletir sobre as conseqüências que as modificações do sexo do estado civil podiam acarretar no campo do direito de família.

Se pudemos definir o que diferencia, no interior do fenômeno transexual, os transexuais dos transexualistas, é que é possível precisar em que consiste a *identidade sexual*, isto é, o que dá, sem ambigüidade, a um indivíduo – e até sem que ele tenha que se colocar a questão – a segurança de ser um homem ou de ser uma mulher. É precisamente esta segurança que está em falta naquele que chamamos transexual: exporemos a razão e os diversos efeitos de tal falta. Ao passo que a tomada de posição do transexualista, que, apesar de suas demandas, sabe muito bem que é um homem ou uma mulher e que assim permanecerá – sejam quais forem as modificações trazidas a seu corpo pelos hormônios ou a cirurgia, e em seu estado civil pela justiça –, diz respeito a outra relação do sujeito com seu sexo. É esta relação que é estabelecida pelo que a psicanálise nomeia *sexuação*. Este termo remete à maneira como um indivíduo – cuja identidade sexual está, de resto, estabelecida e não causa a ele dúvida ou confusão – se assume num papel social que alinha seu gozo do lado masculino ou do lado feminino.

A psicanálise, há agora um século, já havia esclarecido com a histeria em que certos sujeitos podem – inconscientemente – recusar assumir um lugar que, no entanto, escolheram, e mostrá-lo em diversos sintomas relativos ao corpo. Nos transexualistas, parece que o modo como o corpo é oferecido e que o sacrifício que é dele exigido nas intervenções cirúrgicas não obedecem às mesmas determinações que na histeria. Em particular, a determinação do que faz limite ao corpo não se coloca nos mesmos termos. A este respeito, caberá perguntar-se se a posição transexualista não seria a de um transvestimento que, em vez de permanecer no nível do vestuário, tomaria o corpo próprio como objeto mesmo do transvestimento.

Mostraremos como a posição dos transexualistas se aparenta à escolha do *gênero* tal como quis defini-lo a socioantropologia. Que o indivíduo com isso não se satisfaça e reclame uma mudança física quanto a seu corpo não é, portanto, o menor dos paradoxos mostrado pela clínica dos transexualistas. Mas as condições de instauração da sexuação, tal como a psicanálise as esclarece, permitem entender o que está em jogo no engano desses sujeitos.

Assim, as ferramentas da psicanálise esclarecem uma estrutura que difere conforme se trate do transexual ou do transexualista. No primeiro, a ausência de reconhecimento do Falo proíbe todo estabelecimento da identidade sexual e não permite ao sujeito experimentar-se enquanto homem ou enquanto mulher: ele está realmente *fora de sexo*, e sua demanda para mudar de sexo concretiza na realidade o voto de uma integração na identidade sexual.

No transexualista, ao contrário, o Falo é reconhecido, ele permitiu a instauração da identidade sexual. O problema surgiu na etapa seguinte, no nível da sexuação: ele não pôde ou não aceitou alinhar-se, no que diz respeito a seu gozo, do lado masculino ou do lado feminino. A solução que ele inventou para resolver essa impossibilidade ou essa recusa foi se reivindicar outro que ele é e se sabe ser, em seu corpo e em seu nome, e tentar encontrar, por essa via, a garantia de um gozo que ainda permanece indeterminado. Em sua recusa de uma escolha sexuada governada pelo simbólico, o transexualista se entrega em confiança à fragilidade do imaginário, o da aparência. Incapaz, no fundo, de assumir a discordância que pode existir entre a identidade sexual e a escolha sexuada – cujas conseqüências ele recusa no que diz respeito ao gozo –, ele toma a presa pela sombra e contesta a identidade sexual ao entregar-se ao mesmo tempo em confiança ao fundamento de uma identificação com o grupo com o qual ele partilha a mesma reivindicação.

Nossa obra, essencialmente clínica, tinha de abordar a questão do tratamento do transexualismo. Não se trata apenas de terapia: aqui, a palavra *tratamento* [*traitement*] deve ser entendida – utilizaremos com freqüência este termo neste sentido preciso ao longo desta obra – não como uma resposta imediata à demanda de um indivíduo por meio das possibilidades técnicas – prescrições hormonais, intervenções cirúrgicas –, mas como que vetorizada por um levar em conta o além dessa demanda, isto é, a subjetividade que ela implica.

É claro que tal tratamento engaja individualmente quem dele se encarrega, mas que, mais além, ele também diz respeito à atitude do corpo social em face do fenômeno transexual. A este respeito, a posição do psicanalista é diferente da de um médico ou de um cirurgião: para aquele, um tratamento não visa o desaparecimento de um sintoma, mas se dá por objetivo fazer com que venha à luz, para o sujeito, um saber sobre aquilo que inconscientemente preside à sua demanda e engendra seu sintoma. No caso particular do transexualismo, o psicanalista deve também levar em conta a irreversibilidade das conseqüências físicas e a radicalidade das implicações psíquicas e sociais causadas pela satisfação da dita demanda.

Veremos que tal tratamento não é unívoco; ele difere radicalmente conforme for pedido por um transexual ou um transexualista. Por isso, ainda que *a priori* não seja a isso favorável, o psicanalista não tem que se pronunciar, no quadro do que ele mesmo pode propor, sobre o lugar a ser dado às modificações físicas que medicina e cirurgia põem ao alcance do indivíduo. Ele só pode, se este último aceitar ouvi-lo, tornar-lhe sensível a razão subjetiva de sua demanda, bem como as conseqüências de uma colocação em ato médico-cirúrgica.

Para abordar também o que poderia ser uma resposta social adequada ao transexualismo, a psicanálise só poderá mostrar – e desmontar – o que foi e o que continua sendo a articulação rigorosa entre a emergência do fenômeno e as respostas individuais às demandas iniciais – que acabaram elas mesmas englobadas na clínica do transexualismo. Seu tratamento social não pode, pois, ser encarado por si mesmo: ele se funda no que procura resolver. A dialética entre o individual e o social se revela aqui de modo notável: um não funciona sem o outro.

Evocamos as origens de nossa experiência e de nossas reflexões, que remontam a nosso contato com a loucura, em particular a dos transexuais encontrados no hospital psiquiátrico, para nos apoiarmos em seguida na clínica dos transexualistas tal como nossa prática de psicanalista e de psiquiatra nos permitiu apreendê-la.

É esta dupla origem que nos levará a encerrar esta obra com algumas observações sobre os atuais desafios do fenômeno transexual. É uma loucura individual? É uma loucura social? Ou então, ainda, pertence ao curso evolutivo da espécie humana reconhecer doravante a mudança de sexo como um "direito" do sujeito moderno? Acrescentando isto: os adeptos do que daqui por diante constitui nos Estados Unidos o fenômeno *trans*, englobando todos aqueles que mencionam, por suas reflexões e seus atos, os limites impostos pelo sexo – travestis*, *drag-queens*, *drag-kings*, *butches*, *queers*, transexuais, transexualistas, etc –, consideram nossa cultura pós-moderna como já dentro da era do "pós-transexualismo", e, para alguns, combatem vigorosamente as práticas hormonocirúrgicas usadas para satisfazer as reivindicações de mudança de aparência sexual, alegando apenas seu desejo quanto a seu hábito social.

O que acabamos de expor em linhas gerais faz a trama de um debate que o transexualismo tem o mérito de fazer emergir, e isto em todas as disciplinas a que concerne: medicina, cirurgia, psiquiatria, direito, sociologia, antropologia, filosofia, psicanálise, etc. Com efeito, o fato de se tratar de examinar os limites entre o que é de ordem pública e o que diz respeito à vida privada do indivíduo não pode mascarar o que aí surge, no fundo: um questionamento sobre a liberdade.

Acontece que a loucura – como tão bem mostrou toda a clínica psiquiátrica desde Esquirol até o início do século XX, e como também demonstrou a psicanálise em sua apreensão das psicoses e na diferença estrutural que ela lhes atribui com relação às neuroses – é o que para nós torna presentes, da maneira mais radical, os limites de nossa liberdade. Tal como

* A palavra "travesti" é um galicismo. Em francês, *travesti* tanto é adjetivo quanto substantivo. Em português, por tradução, seria correspondente a "transvestido", relacionado ao verbo "transvestir" (*travestir*, em francês). (NR)

dizia Jacques Lacan numa conferência pronunciada diante de seus jovens colegas internos no Hospital Sainte Anne em 1967: "Os homens livres, os verdadeiros, são precisamente os loucos". Tal afirmação não pode deixar de nos interrogar sobre o que seria uma *verdadeira* liberdade.

Como estamos mostrando neste trabalho, se em nossa modernidade é o indivíduo em sua identidade e em sua própria carne que carrega o peso do transexualismo, é também a sociedade, na resposta que ela dá às demandas que lhe endereça o transexual, em sua maneira de ouvi-lo e de justificar sua ação, que traz o encargo e a responsabilidade de seu devir.

Os desafios não são pequenos: o exame deles mostra como a identidade de um sujeito é inseparável do lugar que ele ocupa no jogo social, enquanto homem ou enquanto mulher, até mesmo também enquanto pai ou enquanto mãe.

É através dessas considerações que o transexualismo vai ao encontro das grandes questões – engenharia genética, procriação *in vitro*, clonagem... – que a ciência vem colocando à humanidade de algum tempo para cá. Ela lhe pede implicitamente respostas que só podem ser éticas quanto aos limites que ela deve fixar à sua ação: *nem tudo é possível sempre.*

É na elaboração dessas respostas que a loucura nos ensina: ela mostra o que as transgressões fazem o louco suportar, esclarecendo-nos, ao mesmo tempo, quanto às restrições que o exercício da liberdade impõe à nossa ação.

1

Nascimento do transexualismo

A história do transexualismo é quase sempre apresentada de modo muito estereotipado. O que marca o ato de nascimento do fenômeno é a intervenção praticada em fins de 1952, em Copenhague, por iniciativa do doutor Christian Hamburger, num americano de vinte e oito anos de origem dinamarquesa, George Jorgensen[1], ex-soldado do exército americano, tornado o caso *princeps* dessa patologia.

A criação do conceito de transexualismo pelo doutor Harry Benjamin* vem já no ano de 1953. Esse endocrinologista americano vai, por conseguinte, desempenhar um papel essencial nas proporções que assume a síndrome que ele assim nomeou e na propaganda feita para seu reconhecimento e seu atendimento médico-social.

O caso Jorgensen serve de matriz às observações dos primeiros pacientes submetidos a uma terapêutica tornada agora das mais correntes: uma transformação da aparência sexual por via hormonal e cirúrgica. Ela associa[2] um tratamento endocrinológico que visa diminuir tanto quanto possível a importância dos caracteres sexuais secundários do sexo recusado, para, ao contrário, aumentar sua expressão do lado do sexo desejado. Para os homens submetidos a um tratamento feminilizante, este tem por efeito uma redução da musculatura, uma involução dos testículos e do pênis, que se

---

[1] Ver capítulo 2.

[2] Trata-se aqui da terapia mais habitualmente praticada. As exigências requeridas para sua aplicação variam muito sensivelmente conforme os países.

acompanham de um desenvolvimento dos seios e de um crescimento da importância dos invólucros adiposos. Ao inverso, nas mulheres que vão rumo a uma virilização, o tratamento acarreta uma redução das massas gordurosas e dos seios, um aumento da musculatura, o aparecimento de uma pilosidade masculina e uma mudança do tom da voz, que se torna mais grave.

Esse tratamento médico em geral se acompanha de diversas intervenções cirúrgicas. Para os homens: supressão do pênis e dos testículos e criação de uma neovagina, redução do volume do pomo de Adão, depilação por eletrocoagulação ou eliminação dos folículos pilosos por *laser*. Para as mulheres: ablação dos seios, confecção de um neopênis e de um saco escrotal; o primeiro gesto é simples, ao passo que o segundo requer técnicas cirúrgicas mais complexas.

Um psiquiatra ou um psicólogo são em geral requeridos para dar uma opinião favorável às intervenções; podem a isso associar a prescrição de um acompanhamento psicoterápico antes ou depois da operação.

Enfim, essa terapêutica médico-cirúrgica geralmente abre a via para uma mudança do sexo no estado civil.

O ato inaugural de 1952 – a intervenção praticada em George Jorgensen – introduz o que, retomando o termo de Benjamin, chamaremos nesta obra "fenômeno transexual", isto é, o aparecimento do transexualismo no campo social e, redobrando sua determinação psiquiátrica, seu reconhecimento como um particularismo individual cujo caráter patológico foi progressivamente sendo questionado.

Ora, se, de um ponto de vista endocrinocirúrgico, essa apresentação histórica é exata, a realidade clínica é muito menos sumária e impõe remontar um pouco mais atrás no tempo. Com efeito, a literatura – geral ou psiquiátrica – há muito tempo relatava um distúrbio da identidade atuando eletivamente no sexo[3]. No meio do século XIX, Richard von Krafft-Ebing, depois, no início do século XX, Magnus Hirschfeld* e Henry-

[3] Ver, em particular, as observações de Friedreich, em 1830, de Marc, em "*De la folie considérée dans ses rapports avec les questions médico-judiciaires*", Paris, 1840, depois de Esquirol em seu "*Traité des maladies mentales*", de 1838; Krafft-Ebing, depois Moll, nas edições sucessivas da "*Psychopathia sexualis*", retomarão, a partir de 1892, a expressão

Havelock Ellis foram os primeiros a se interessar por isso em suas explorações das patologias sexuais. Estas iam posteriormente permitir suprimir o opróbrio que recobria então a homossexualidade.

"Transvestismo" ou "eonismo", é este o nome que Ellis e Hirschfeld davam à entidade patológica que haviam identificado e cujo quadro clínico descreviam. A partir de 1953, para o mesmo quadro, será utilizado, após Benjamin, o termo "transexualismo", até que John Money* o substitua, em 1973 – as razões estão expostas no capítulo 4 –, pela nomeação "disforia de gênero".

Se o caso Jorgensen deve ser reconhecido como uma *première*, intervenções hormonais e cirúrgicas já haviam sido praticadas bem antes de 1952. A primeira é relatada por Hirschfeld já em 1912. Fora algumas outras que Felix Abraham, seu aluno, menciona em Berlim e Praga nas décadas seguintes, uma ou duas intervenções praticadas na mesma época na Grã-Bretanha e na Itália – e as sinistras experiências dos médicos nazistas durante a Segunda Guerra Mundial –, a mais conhecida é com certeza a que foi praticada no pintor dinamarquês Einar Wegener, que, em 1930, pediu a Hirschfeld para transformá-lo em mulher[4].

Com efeito, desde que os progressos das técnicas haviam facilitado a cirurgia reparadora, desde a descoberta e a fabricação dos hormônios sexuais, tornara-se possível mudar médica e cirurgicamente a aparência sexual de um indivíduo, homem ou mulher, e um tal gesto médico-cirúrgico não era excepcional. Entretanto, sem serem clandestinos, esses tratamentos e intervenções tinham na maioria permanecido numa reserva silenciosa, afas-

---

"*konträre Sexualempfindung*" tomada a Westphal, ao mesmo tempo que inventava a expressão "*Metamorphosis sexualis paranoïca*".

Leremos também o relato clínico de seu próprio caso, feito por Otto Spengler diante da New York Society for Medical Jurisprudence em 8 de dezembro de 1913, retomado no "New York Medical Journal" em 21 de fevereiro de 1914 sob a pluma do Doutor B. S. Talmay. Seu caso havia inspirado Magnus Hirschfeld na redação de sua obra de 1910, "*Travestism*".

Foi sem dúvida esse artista original da virada do século XIX, transvestista conhecido e muito bem aceito como tal, que foi o principal "iniciador" de Harry Benjamin, com o qual ele manteve longa amizade, em sua "descoberta" do transexualismo.

[4] Sua história é contada por Niels Hoyer em *Man into Woman*, Londres, Jarrolds, 1933.

tados das luzes da atualidade, ao mesmo título que as intervenções – já correntes – de retificação em sujeitos portadores de anomalias sexuais congênitas: testículos feminilizantes, hermafroditismo, etc. A única a ter despertado a atenção da imprensa sensacionalista nos Estados Unidos fora a intervenção praticada em Einar Wegener; mas ele era considerado hermafrodita, e os artigos que relatavam sua metamorfose – e seu falecimento rápido, devido com certeza a um pós-operatório infeliz – apresentavam mais as novas proezas da endocrinologia e da cirurgia do que faziam realmente a apologia da mudança de sexo.

Diferentemente do ato médico-cirúrgico praticado em Wegener, o que foi praticado em George Jorgensen em fins de 1952 trazia em germe todas as condições necessárias para que aparecesse o transexualismo enquanto "fenômeno social", a saber:

– os elementos de um tratamento reclamado pelo sujeito e, salvo contra-indicações maiores, quase sempre aplicado;

– a aplicação desse tratamento no quadro de um autodiagnóstico e de uma autoprescrição terapêutica[5], a síndrome sendo definida pelo próprio indivíduo;

– o proselitismo que desde seu nascimento envolve o transexualismo e visa "educar" aqueles que, pouco à vontade em sua sexualidade e sua identidade sexual, ainda hesitariam em reconhecer-se no transexualismo e em diagnosticar-se como transexuais[6].

Com Christian Hamburger, George Stürup e Erling Dahl-Iversen, os "pioneiros", Harry Benjamin em segundo plano além-Atlântico, e George Jorgensen, que se descreve como a "cobaia" deles, o ato médico-cirúrgico adquire a especificidade que o faz ser reconhecido como inaugural do transexualismo. Pois é a intervenção que faz aparecer o terceiro ator, aquele que ia revelar-se indispensável para que o transexualismo saísse do quadro patológico individual e se tornasse uma expressão nova – e um sintoma –

---

[5] Ver capítulo 6 e também nosso artigo "Limites do gênero, limites do estado", *Journal français de psychiatrie*, nº 5, Érès, 1997.

[6] Para dar um exemplo entre outros, uma fundação americana, a International Foundation for Gender Education, difunde brochuras e publicações que pretendem permitir a qualquer um reconhecer se é transexual ou não.

de nossas sociedades modernas. Esse ator é o próprio corpo social, especificamente presente no meio de expressão que solicita em primeiro plano o imaginário, os meios de comunicação[7].

Se a sociedade ficara até então silenciosa, pouco sensível às experiências médico-cirúrgicas de modificação de sexo que tinham podido acontecer, ela vai despertar por ocasião do caso Jorgensen e manifestar-lhe tal interesse que os meios de comunicação vão doravante desempenhar um papel motor na expansão do transexualismo: com efeito, nas semanas que a seguiram, a intervenção em Jorgensen teve uma repercussão considerável, tanto nos Estados Unidos quanto no resto do mundo. Relatada por todos os meios de comunicação durante meses, ela acarretou, para Christian Hamburger primeiramente, depois para os endocrinologistas do mundo inteiro, uma afluência de pedidos de "conversões sexuais" cuja descrição clínica retomava palavra por palavra a conversão de Jorgensen.

Se tentarmos, cinqüenta anos mais tarde, analisar o que inauguralmente ocorreu na cena médica em 1952 – e de que em seguida se serviu Harry Benjamin para fazer a apologia do "serviço que a endocrinologia tinha a prestar à humanidade" ao tornar possível a mudança de sexo –, encontramos a articulação entre:

– a nomeação do transexualismo, síndrome que, segundo ele, até então permanecera opaca ao olhar dos clínicos;

– as possibilidades técnicas da endocrinologia e da cirurgia tornadas capazes de modificar radicalmente a aparência sexual de um indivíduo;

– o olhar dos meios de comunicação sobre um voto do corpo social, novo, mas inconsciente, o de dar a cada um, conforme sua escolha, a disponibilidade[8] de seu sexo, desejo ele mesmo motivado por uma recusa, igualmente inconsciente, da bipartição sexual da espécie humana entre homens e mulheres.

---

[7] O sucesso de tudo o que é dado a ler ou a ver do transexualismo disso é testemunha. As razões do *gozo* que nisso encontra – a ser entendido no sentido bem preciso e restrito que a psicanálise dá a este termo – serão explicitadas no capítulo 6.

[8] No sentido propriamente jurídico do termo (ver capítulo 5).

Um quadro clínico conhecido há muito tempo e um tratamento que até então era apenas ocasionalmente praticado dali por diante saíam do catálogo das curiosidades médicas e da escuridão das experiências singulares para adquirir o estatuto de um bem colocado em vitrina, em bom lugar e oferecido ao gozo de todos. O transexualismo podia deixar a rubrica do patológico para tornar-se fenômeno social, legitimado pelo que chamamos os "direitos" – aqueles do homem, no caso –, que repertoriam os domínios onde o gozo do sujeito não deve sofrer limitações a título da lei real.

Ainda que a experiência, no sacrifício que ela exige, só estivesse até ali reservada a uns poucos, desde 1953 cada um está convidado a aderir ao voto que a condiciona: a escolha, para cada um, de seu sexo.

O primeiro tratamento médico-cirúrgico semelhante ao de Jorgensen ocorrerá nos Estados Unidos em 1965, por ordem de um juiz de Baltimore e após recomendação dos psicólogos da Johns Hopkins University, para modificar a aparência de um rapaz de dezessete anos, ladrão compulsivo de perucas femininas. Esse tratamento será, por conseguinte, chamado "conversão sexual".

Na França, é seis anos mais tarde, em 1971, que o doutor Léon Pérel praticará pela primeira vez tal intervenção numa estudante de medicina que queria se tornar homem. Mas, pouco antes, o cirurgião francês Georges Burou já havia começado a pôr em prática em Casablanca, na sua clínica do Parc, o que se tornará durante anos um dos dois ou três canais de conversão sexual existentes no mundo – fora, no entanto, de qualquer opinião psiquiátrica e de qualquer controle legal.

Diante desse intricado entre o novo tamanho das potencialidades técnicas e a emergência de um sintoma médico-social bem difícil de ser levado em conta pelo direito, o embaraço dos profissionais – ainda mais que estes, mesmo à revelia, em sua maior parte, nada tinham a ver com sua ocorrência – manifestou-se em suas avaliações das terapêuticas reservadas à síndrome do transexualismo.

Após os primeiros relatos de Benjamin, redigidos entre 1964 e 1967, os estudos retrospectivos publicados até o início dos anos 90 afirmam, em sua maioria, que só os gestos hormonocirúrgicos têm valor terapêutico e são suscetíveis de aliviar os transexuais de seus males. Entretanto, esses estudos sofrem todos de uma ausência de rigor metodológico que proíbe as comparações, até mesmo a validação de suas conclusões conforme critérios propriamente falando científicos, à qual, no entanto, aspiram os autores em suas demonstrações. Deve-se, pois, temperar seus resultados por duas constatações:

1. Trata-se de avaliações de ordem estatística que excluem qualquer interrogação psiquiátrica ou psicopatológica para só guardar o grau do êxito cirúrgico, medido pelo tamanho da auto-satisfação do paciente e de sua conformidade com o meio e o hábito de seu "novo sexo": ele está contente ou não? Baseia-se na norma? Como era de se esperar, a satisfação expressa por uma ampla maioria dos pacientes[9] acarreta também a auto-aprovação dos que praticaram as intervenções.

2. Os trabalhos que tentam uma apreciação mais clínica do devir dos sujeitos tratados são menos otimistas. E os casos de tratamentos que evoluíram para a eclosão de uma psicose franca, até mesmo para um suicídio, não são excepcionais nem mesmo raros[10].

A possibilidade de um tratamento psiquiátrico ou psicoterápico é regularmente ignorada a partir de algumas tomadas de posições inaugurais tornadas referências obrigatórias. Os estudos de casos que dão conta dos êxitos de tais terapêuticas são descartados[11], julgados sem valor estatístico,

---

[9] As possibilidades cirúrgicas agora permitem retificações da aparência estética e possibilidades funcionais externas quase irrepreensíveis no sentido homem/mulher, e corretas no sentido mulher/homem – excetuada a ereção, que deve, é claro, ser facilitada por uma prótese interna.

[10] Hoenig et al. consideram 5 entre 8 de seus pacientes psiquiatricamente doentes. Para Sturüp, 7 em 8 sofrem de distúrbios psicológicos severos; seu trabalho, no entanto interessante, mostra o conflito no qual está preso seu autor: ele relata 10 casos que mostram, na maioria, antes e depois da intervenção, distúrbios psiquiátricos maiores; considera, no entanto, que o tratamento hormonocirúrgico foi um sucesso na medida em que os sujeitos dizem não lamentá-lo...
Meyer e Reter, em 1979, não vêem, por sua vez, melhora alguma em 25 transexuais tratados pela equipe de Johns Hopkins em Baltimore em relação a um grupo testemunha equivalente. Esse hospital decidiu, no ano seguinte, encerrar sua "Gender identity clinic", por razões que, no entanto, não têm apenas a ver com esse estudo mas que põem em jogo rivalidades entre pessoas.

[11] Kirkpatrick e Friedmann 1976, Barlow et al. 1979, Lothstein 1981, Loeb 1992, Hashimoto 1992, Gilmore 1995, Moesler e Washeim 1995, Quinodoz 1998, etc.

ou comentados por um truísmo: se a psicoterapia foi eficaz e permitiu ao paciente apaziguar seu mal-estar de outra maneira que pelo recurso à mudança de aparência médico-cirúrgica, é que os psiquiatras se enganaram no diagnóstico; não se tratava, em tal paciente, de verdadeiro transexualismo, mas apenas de homossexualidade ou de transvestismo!

Essa reticência e até essa recusa sistemática de toda abordagem e de todo tratamento outros que endocrinocirúrgicos não são sem motivo. Após ter encontrado Freud em Viena, nos anos 1930, Harry Benjamin, o verdadeiro e venerável pai fundador da intervenção médico-cirúrgica, tornara-se um contemptor feroz da psicanálise, à qual reprovava sua ausência de ligação biológica, ao passo que, dizia, ele, Harry Benjamin, se fazia o chantre do bem-estar que seria trazido aos homens por uma endocrinologia capaz de oferecer uma resposta imediata a suas demandas de uma juventude prolongada em seus corpos e de um exercício de sua sexualidade sem declínio.

Através desse percurso histórico-clínico, acabamos de ver uma síndrome deixar progressivamente seu lugar nos registros patológicos[12] e o tratamento do transexualismo livrar-se das pressões terapêuticas para não ser mais nada senão uma variedade sexual da cirurgia estética e dos suprimentos hormonais. A "mudança de sexo", integrada aos direitos do homem, está doravante aberta a quem o desejar, do tamanho de sua demanda.

Poderíamos ter pensado que, na falta de avaliações estatísticas, de que conhecemos a dificuldade em psiquiatria e os escolhos mais vivos ainda no âmbito sexual, estudos casuísticos poderiam ter esclarecido os inventores de métodos tão radicais, informando também a comunidade científica médica do grau de pertinência de seus avanços. Os poucos trabalhos de

---

[12] O manual psiquiátrico diagnóstico americano *DSM IV (Diagnostic and Statistical Manual)*, que impôs sua abordagem exclusivamente comportamental à psiquiatria do mundo inteiro, só retém agora como critérios para o que ele doravante chama "distúrbios da identidade de gênero" (ver no capítulo 4 como a noção de gênero veio subverter o real do sexo) a insatisfação do sujeito quanto a seu próprio sexo e o desejo manifestado durante bastante tempo de mudar dele. Podemos, então, nos perguntar qual é a pertinência da manutenção sob a categoria dos distúrbios mentais de uma demanda que, no fundo, não é mais encarada de outra maneira senão como uma modificação estética, se não for por razões econômicas ligadas às exigências das companhias de seguros americanas.

valor foram descartados, ou então seus autores[13] – dos quais o mais conhecido é Robert Stoller* – negligenciaram suas posições para se juntar ao consenso em vigor entre os endocrinologistas e os cirurgiões que haviam se tornado mestres nessa nova disciplina e em seus tratamentos.

Hormonoterapias e intervenções continuaram sendo praticadas sem grande controle de sua ação – exceto seus resultados técnicos – nem interrogação racional sobre as implicações psicossociais, jurídicas e éticas do que estava sendo posto em prática.

Uma cegueira generalizada assim se confirmara e os raros rebuliços provocados por uma obra e o colóquio que ocorreu em Paris, em dezembro de 1966, sobre o assunto confirmaram a que ponto qualquer questionamento racional se afigurava incômodo[14].

Só alguns trabalhos sociológicos, realizados essencialmente nos Estados Unidos[15], interrogaram-se sobre todos os detalhes do transexualismo, sem suscitar eco algum nos meios interessados, que se tratasse da endocrinologia, da cirurgia urológica ou das redes da sexologia médica. Nenhuma reação tampouco na comunidade psiquiátrica em geral, que parece ter se desinteressado totalmente do transexualismo.

---

[13] L. Lothstein, psicanalista americano, interessou-se pela psicoterapia do transexualismo, sobre a qual escreveu para numerosas publicações. É também autor de uma crítica rigorosa das avaliações retrospectivas do tratamento hormonocirúrgico.
L. Kubie e J. Mackie publicam, igualmente, em 1968, um artigo por certo notável, que coloca as interrogações clínicas e terapêuticas colocadas pelo transexualismo num quadro metodológico, psiquiátrico e psicanalítico rigoroso: "*Critical issues raised by operations for gender transmutation*", Journal of Nervous and Mental Disease, 147, 5, 1968. Esse artigo é resolutamente ignorado por toda a literatura anglo-saxã ou internacional que se seguirá.

[14] "Sobre a identidade sexual: a respeito do transexualismo": colóquio organizado em dezembro de 1996 pela Association freudienne internationale, reunindo médicos, psicanalistas, filósofos, juristas e magistrados; suas Atas foram publicadas sob a direção de Henry Frignet e Marcel Czermak, Paris, Association freudienne internationale, 1998.

[15] A obra de Bernice Hausman, *Changing Sex: Transsexualism, Technology and the Idea of Gender*, Duke University Press, 1995, é de longe a mais interessante de todas as obras publicadas nesse campo nos Estados Unidos nos últimos anos. Citada com bastante regularidade em todos os artigos sociológicos americanos dedicados ao transexualismo, relata de maneira precisa e argumentada a criação do fenômeno transexual a partir dos anos 1950, e dele encontra as raízes no discurso médico desde os anos 1930.

Se o que acabamos de expor concerne em primeiro plano ao continente norte-americano e à Europa anglo-saxã, a emergência do fenômeno e a reivindicação do transexualismo praticamente não foram apreendidas diferentemente na França. No corpo médico, as posições se dividiram entre uma adesão completa às posições diagnósticas e terapêuticas que prevalecem alhures e uma certa reserva em relação ao reconhecimento do transexualismo como fenômeno social. Daí decorreu em alguns uma apreciação mais moderada das justificações terapêuticas. Mas, ao mesmo tempo, a avaliação racional de seus efeitos foi igualmente reservada.

Os únicos trabalhos consistentes foram obra daqueles que, confrontados com os mesmos fatos clínicos, não estavam entravados pelas pressões do discurso médico. Encontramos aí os estudos casuísticos e as elaborações teóricas de alguns psicanalistas sobre a questão da identidade sexual e de seus avatares. Alguns desses estudos esclarecem e precisam as implicações da psicoterapia. O conjunto dessas pesquisas permitiu àqueles que por isso se interessavam dispor de uma teoria consistente sobre essas difíceis questões[16]. Não surpreende muito esses trabalhos, que escapariam do discurso médico, terem passado despercebidos, em particular aos olhos dos especialistas do que se tornou uma disciplina universitária – a ponto de uma cadeira de transexualismo ter sido criada na Faculdade de Medicina da Universidade Livre de Amsterdã nos anos 80. Fundada e dirigida por Louis Gooren, um endocrinologista que substituiu Harry Benjamin após a morte deste em 1986, ela tem por objetivo ensinar aos profissionais a descoberta precoce do transexualismo, seu tratamento hormonocirúrgico e fazer, assim, com que o maior número de sujeitos tenha acesso a essas terapias novas. Tenta também, mediante estudos estatísticos, avaliar o devir dos sujeitos hormonados e operados e determinar a partir de que demanda e de que idade convém tratar crianças ou adolescentes.

---

[16] Trata-se, no essencial, de artigos de M. Czermak: em "*Précisions sur la clinique du transsexualisme*", C. Chiland: "*Les impasses du traitement du transsexualisme*", H. Frignet: "*Quelques éléments de réflexion sur le transsexualisme*", S. Sésé-Léger: "*Transsexualisme*", Encyclopédia Universalis, C. Millot: "*Horsexe*", A. Oppenheimer: "*La sexualité masculine ou comment s'en dérabarrasser*", D. Quinodoz: "*A female transsexual patient in psychoanalysis*" bem como de certos trabalhos apresentados nas obras coletivas: "Sur l'identité sexuelle: à propos du transsexualisme" tomos I e II, sob a direção de M. Czermak e H. Frignet, e "*Journal Français de Psychiatrie*" nº 5, op. cit.

Se os trabalhos, estudos casuísticos e elaborações teóricas que acabamos de evocar não suscitaram interesse nos especialistas da nova disciplina, eles, no entanto, encontraram algum eco nos meios sociológicos, sobretudo entre os juristas que se interessavam pela questão e os magistrados das cortes supremas francesa e européia. Ao registrarem essas pesquisas, em geral concluíram, em suas decisões, pela existência de um desacordo profundo no corpo médico quanto à apreciação dessa patologia. Juristas e magistrados interpretaram, pois, a decisão emitida pelo Supremo Tribunal em 1992[17] como uma decisão provisória, destinando à medicina o cuidado de definir com mais precisão os limites do transexualismo e de suas terapêuticas.

Qual é, hoje, o estado da questão? Esta obra tem por ambição esclarecer um problema que ultrapassa amplamente o quadro de uma patologia, por essência individual, para entrar naquele, coletivo, de um fenômeno social.

Como todos os fenômenos sociais, o transexualismo reflete a cultura que lhe deu nascimento. É preciso, por conseguinte, lamentar que lhe sejam doravante assimilados certos particularismos de identidade encontrados fora de nossas sociedades ocidentais, uma vez que estes constituem apenas singularidades no jogo social das culturas a que pertencem, sem confusão quanto ao sexo real nem busca de modificação física ou legal nos sujeitos interessados[18].

A difusão universal do primado da ciência, das técnicas médico-cirúrgicas e do modelo econômico dominante fez, entretanto, com que, no fim do ano 1998, mais de mil e quinhentos estrangeiros estivessem inscritos nas listas de um hospital da Tailândia à espera de uma conversão de sexo, pela qual, é verdade, só lhes será cobrada algumas centenas de dólares,

---

[17] Em 11 de dezembro de 1992, após uma condenação da França pela Corte Européia dos Direitos Humanos, a jurisprudência do Supremo Tribunal, que sempre velara pela aplicação rigorosa do princípio de indisponibilidade do estado da pessoa, modificou radicalmente sua posição para aceitar o princípio da mudança de estado civil quando certos critérios médicos e terapêuticos são satisfeitos. Ver capítulo 5.

[18] À exceção dos Hijras da Índia, que efetivamente sofrem uma castração e uma amputação do pênis.

ao passo que no Ocidente, para alguns, o tratamento do transexualismo tornou-se um empreendimento florescente. A expansão do fenômeno transexual não se mostra estranho ao que regula as opções econômicas de nossa cultura mundializada.

2

O caso *princeps*: George/Christine Jorgensen

A obra que relata o nascimento do transexualismo não deve ser lida como um conto: é um conto.

Nos dias triunfantes do pós-guerra, um jovem americano inibido, mal consigo mesmo, voltado para seus sonhos de grande fotógrafo e para suas incertezas afetivas, encontra o médico que vai guiá-lo e apoiá-lo na busca da origem de todos os seus males: embora tenha servido durante dois anos, como bom soldado, à bandeira estrelada..., ele na realidade é uma mulher.

De psiquiatras a psicanalistas, após os "maus" médicos que não entendem nada e se obstinam em ver nele um homem, George enfim encontra, na terra de seus ancestrais, o bom profissional, no caso o endocrinologista dinamarquês Christian Hamburger, que vai lhe propor testar – *in vivo* – o valor de sua teoria.

Hamburger vai se apegar a seu paciente, tratá-lo com hormônios para feminilizar seu aspecto geral, depois "emprestá-lo" a seus colegas, o psiquiatra Daniel Stürup e os cirurgiões Poul Fogh-Andersen e Erling Dahl-Iversen, para que o primeiro o examine e os dois outros pratiquem em George uma modificação anatômica radical que venha completar a feminilização hormonal: a amputação do pênis e dos testículos.

George Jorgensen vai ser transformado. Liberado de seu sentimento de incompletude e de inferioridade, logo vai poder começar uma *happy new life*. Da Broadway ao Sunset Strip, das boates aos cassinos, passando pela inevitável Las Vegas, ele oferece ao olhar da América e do mundo sua incrível metamorfose: "O ex-soldado tornou-se uma loura *beauty*!".

Celebridade, tendo enfim adquirido um nome – no caso, ele se faz chamar Christine, feminilização do prenome de seu protetor –, ele vai poder refazer de cabeça erguida o caminho de imigrante de seu avô desde Odense, a cidade natal de Andersen, na Dinamarca, até o Bronx nova-iorquino.

Tornado enfim, ele mesmo, célebre no mundo inteiro – graças a uma carta "roubada" destinada a seus pais e milagrosamente chegada do hospital dinamarquês na caixa de uma agência de *news* americana –, nosso jovem sujeito vai conhecer da noite para o dia o sucesso, a glória, a fortuna. Para ajudar a sorte, não hesitará em vender o relato de sua existência ao *American Weekly*, semanário de grande tiragem. O relato de sua aventura vai assim deixar em suspense o público americano durante várias semanas.

Ele em seguida conhece outro "bom" médico, o doutor Harry Benjamin, que há muito tempo se interessava pelas pessoas de sua espécie. Vão tornar-se amigos, Jorgensen fazendo-se então o arauto do verdadeiro conto que, graças à sua audácia e à sua coragem, tinha pela primeira vez se tornado realidade.

Foi assim que, graças a George/Christine Jorgensen, aos doutores Christian Hamburger e Harry Benjamin, se abria doravante, para o homem, uma liberdade nova: escolher o próprio sexo.

Christian Hamburger, assustado pela avalanche imprevista de demandas suscitadas por seu gesto inaugural, escolherá em seguida calar-se. Harry Benjamin fará de Jorgensen um dos personagens centrais do *Transsexual Phenomenon*, publicado em 1966, sucesso de livraria que valerá a seu autor notoriedade mundial. Quanto a George/Christine Jorgensen, eleito *Woman of the year* em 1954, morrerá de câncer, alguns meses depois de Benjamin, sob o sol californiano que abrigara sua aposentadoria.

Ser dito mulher... ou a verdade de uma sucess story

Em 1967, é publicada em Nova York a autobiografia[1] do primeiro paciente transexual oficialmente transformado. Assim se encerra a aventura que dera lugar, quinze anos antes, a uma sensacional cobertura dos meios de comunicação.

[1] Christine Jorgensen, *A Personal Autobiography*, 2ª edição, 2000, Cleis Press, USA (disponível por amazon.com).

A leitura dessa obra poderá interessar o clínico. Nela ele descobrirá, para além do aspecto meramente anedótico do relato, as coordenadas estruturais do caso: ao longo da história transparece a relação impossível entre um sujeito e o Falo[2], que aqui não designa o órgão macho – o pênis –, mas o significante indispensável a todo sujeito, homem ou mulher, para estabelecer uma posição sexual estável e arrimada; ele nela descobrirá também a "solução" encontrada para resolver as dificuldades que essa impossibilidade provocava no autor.

O clínico poderá ainda seguir a descrição das relações bem espantosas que se estabeleceram entre Jorgensen e os médicos que o guiavam em seu empreendimento de modificação corporal. A esse respeito, a leitura paralela de um artigo de 1953 assinado por Hamburger, Stürup e Dahl-Iversen[3] é um indispensável contraponto. Nele se encontra uma descrição clínica do transexualismo que se tornou canônica: convicção precoce de não pertencer ao próprio sexo, erro da natureza, interesse pelos jogos femininos e o transvestismo, etc. Ao passo que se descobre – não sem surpresa – no relato de Jorgensen uma visão bem diferente sobre os primórdios de sua aventura[4], a saber, um desnível maior com o que relatam seus médicos.

Se estes tivessem sido mais discretos, é possível pensar que Jorgensen teria encontrado outra via para conformar-se com a síndrome que o afetava, assim como tantos outros não deixaram de fazer antes e depois dele.

---

[2] Este conceito, cuja instauração é a chave do problema identitário do transexualismo, desempenha papel central na aquisição da identidade sexual; é um conceito difícil de que não é muito possível dar aqui uma definição nítida. Pode-se, antes, esclarecê-lo delimitando-o nos efeitos de sua "articulação deficiente", em certas estruturas clínicas. Encontraremos outros esclarecimentos sobre esse conceito mais adiante nesta obra, essencialmente nos capítulos 6 e 7; poderemos também nos reportar ao *Dictionnaire de la psychanalyse* (dir. R. Chemama e B. Vandermersch, Paris, Larousse, 1998, 2ª ed.), que dele dá uma definição teórica precisa, mas desligada do contexto clínico.

[3] Journal of the American Medical Association, 30 de maio de 1953, 152, 5, pp. 391-396.

[4] Stürup estava interessado pelo problema desde seu primeiro encontro, em 1938, com um transexual: ver "Male transsexuals", *Acta psychiat. scand.*, 53, 1976. Não era intenção de sua equipe efetuar o que agora se chama uma "reatribuição de sexo", mas "simplesmente", como vão dizer, em 1979, num outro artigo, vir em socorro daquele que consideravam então um "homossexual em sofrimento [...] castrando-o; já que era o que ele pedia [...], [não viam] razão para recusar-lhe uma intervenção tecnicamente possível".

Não confessa ele que, graças a seu trabalho na Pathé-News, se sentia em segurança, quase feliz? Pois, se o resultado do tratamento aplicado de 1950 a 1953 se assemelha a uma *sucess story* à americana, é preciso com certeza examinar mais de perto o que aconteceu com o próprio Jorgensen. E é nisso que sua autobiografia é, para nós, esclarecedora.

Jorgensen de imediato situa seu relato numa perspectiva que o recoloca na linha de seu avô, emigrado dinamarquês na América no início do século e originário, como Andersen o contista, de Odense. Ele já aqui mostra a que ponto a filiação e as questões levantadas pela transmissão simbólica que ela implica são centrais em sua patologia. Veremos como sua síndrome transexual revela o retorno, no real[5], da carência simbólica dessa filiação, o que o levará – para tentar resolver a falta igualmente pela via do real, a de uma terapêutica hormonal primeiramente, cirúrgica em seguida – a fazer praticar na terra de seu ancestral o gesto que supostamente vai liberá-lo.

Três observações sobre a primeira parte da autobiografia de Jorgensen:

1. A magreza crônica do autor, que só pesa então 45 quilos, a indigência de seus caracteres sexuais secundários masculinos (pilosidade, musculatura...) e o desenvolvimento de seus órgãos viris julgado por ele insuficiente.
2. O apego intenso de George à avó paterna, aquela que sabia por instinto o que ele não precisava lhe dizer, hábil no crochê e na confecção de rendas. A intensidade excessiva desse apego revela uma tentativa de ir buscar em outra parte, na segunda geração acima dele, o que não pode encontrar naquela de que é diretamente oriundo.

[5] O termo *real*, conceito chave na teoria psicanalítica e mais particularmente importante nas psicoses, deve ser explicado. O *real* é diferente da realidade e se refere essencialmente à categoria filosófica do impossível. É com este impossível que está confrontado um sujeito, desde sua concepção e seu nascimento, o que permite entender como o real se situa fora de toda apreensão e *a fortiori* de uma compreensão qualquer. O real não é dissociável do simbólico e do imaginário, com os quais constitui as três categorias inventadas por Lacan, que condicionam juntas a existência do sujeito. Quando a articulação estrutural deles fracassa, como é o caso nas psicoses, os sintomas que sobrevêm manifestam o retorno no real desse defeito. Aqui, o defeito de inscrição numa filiação simbólica que resista faz retorno a Jorgensen no real. Voltaremos a esse conceito nos capítulos 6 e 7.

3. O interesse do pai de Jorgensen por fotografia, ele que havia reunido a "mais importante coleção privada do mundo" de clichês da Primeira Guerra. É claro que o apaziguamento encontrado pelo autor ao longo dos poucos meses em que vai trabalhar como fotógrafo na Pathé-News é o efeito da "prótese" identificatória imaginária com seu pai que seu trabalho na foto constitui. Com efeito, na falta de ter podido assegurar sua filiação pela via do simbólico, ele tenta escorá-la pela via imaginária, adotando o mesmo ofício que o pai, escoramento que se revelará insuficiente, já que Jorgensen deverá em seguida adotar uma solução mais radical, a da castração real[6].

É notável que o relato de Jorgensen em nada mencione sua incerteza sexual – ele sabe que é um homem –, mas apenas seu lamento por não ser como as moças, o que, segundo ele, apaziguaria seus sofrimentos, e a intensidade de sua inibição no mundo fálico: trabalho, distrações, relações, emoções, ele não se sente bem em lugar algum. A esse respeito, suas observações sobre sua "fadiga" crônica têm para o psicanalista um grande interesse e ilustram o que pôde ser escrito sobre essa síndrome em sua relação com o Falo[7].

Ao contrário do que afirmam Hamburger e Stürup, Jorgensen não tem então o mínimo gosto pelas roupas femininas – ele vai, aliás, esperar ter adquirido um passaporte feminino para vestir-se de mulher, e ainda com grande apreensão. Em compensação, quando criança, sempre vestia um pequeno pedaço de renda confeccionado pela avó. Um dia, a descoberta, em público, desse objeto protetor contra a angústia, sinônimo de beleza e para ele totalmente assexuado, provocará um sentimento de vergonha, de

---

[6] A publicação de sua autobiografia alguns meses após a morte do pai, da mesma forma que seu falecimento, ainda jovem, pouco depois do de Harry Benjamin, são dois indícios concordantes suplementares do tipo de ligação com as figuras paternas no qual Jorgensen se debate: trata-se de uma ligação real. O desaparecimento de uma ou outra dessas figuras provoca nele uma reação que, para a segunda, vai até a morte: como se ele próprio não pudesse sobreviver à morte de Benjamin.

[7] Além das alusões feitas por Lacan a tal vínculo, por exemplo no seminário de 20 de maio de 1959: "*O desejo e sua interpretação*", ver A. Ehrenberg, *La Fatigue d'être soi*, Paris, Odile Jacob, 1998.

humilhação e de ódio terríveis. É o primeiro dos três episódios de juventude em que Jorgensen desvela sua afetividade. O segundo será a morte do presidente Roosevelt e o terceiro, o incêndio do dirigível alemão Hindemburg, que arrebenta pouco depois de ter sobrevoado a casa de seu pai, perto de Nova York.

A menção desses dois fatos trágicos vem após o relato do esboço de uma amizade homossexual que mergulhara George na perplexidade. A ligação não irá além da amizade, mas a evocação sucessiva desses acontecimentos no relato mostra bem a angústia que a mera lembrança dessa amizade basta para fazer surgir em Jorgensen. O fato de lembrá-los conjuntamente explica o deslocamento afetivo em ação nas suas reações ao desaparecimento de seu pai e desses dois representantes fálicos que são o presidente americano e o dirigível, um e outro símbolos de potência.

Nada até aqui que não seja compatível com uma problemática neurótica ou fóbica, o psiquismo do jovem Jorgensen estando então apenas marcado por uma incerteza angustiada, cuja estrutura se revelará somente através da solução que ele vai encontrar para isso remediar[8].

Após ter rapidamente abandonado os estudos – o desinteresse, a fadiga, ainda –, ele vai tomar várias vias: a foto, o exército (é soldado durante dois anos), o misticismo, até sua chegada a Hollywood. Encontrar-se nesse paraíso do semblante no entanto não bastará para apaziguá-lo. Pois o olhar – este objeto do qual o interesse paterno pela fotografia indica bem a posição central que ocupa na existência de George – permanece para ele inacessível: seja como fotógrafo ou nos ofícios do cinema, Jorgensen não encontra seu lugar e suas tentativas de uma identificação simbólica com o pai fracassam. A esperança hollywoodiana esvaecida dá lugar à revelação da solução que seu inconsciente inventa para seus males: a "feminilidade". Anunciada por um questionamento às duas mulheres que são então suas

---

[8] Ver S. Freud: "A perda da realidade na neurose e na psicose", tradução de H. Frignet et al., em *Bulletin de l'Association freudienne internationale*, nº 25. Nesse curto texto pouco conhecido, Freud estabelece com bastante nitidez a diferença estrutural entre neurose e psicose: o que as diferencia não é a perda da realidade, mas a solução que o sujeito vai inventar para remediar isso; conflituosa e insatisfatória para o neurótico, ela busca, no entanto, restabelecer a realidade perdida; delirante e narcísica na psicose, ela visa, em compensação, construir uma neo-realidade.

confidentes, "*Did either of you ever look at me and think I might not be a man at all, but a... woman*[9]", o episódio inaugural de seu transexualismo se cristaliza. Mas de que feminilidade se trata no que ele sente, de maneira ainda confusa, em si?

Na volta de Los Angeles, sua evolução será rápida. Torna-se estudante de laboratório e aproveita as facilidades que lhe oferece seu trabalho para autoprescrever-se uma hormonoterapia feminilizante. Depois, em Nova York, encontra um médico, o doutor Angelo[10], que vai selar o diagnóstico ao mesmo tempo que o destino de seu paciente ao revelar-lhe a possibilidade de uma transformação, "*[...] the transformation you hope for is possible*[11]" e ao guiar seus primeiros passos para a "conversão de sexo".

É então que intervém o encontro com Christian Hamburger. Uma viagem à Dinamarca, a terra paterna, fará Jorgensen descobrir esse endocrinologista cuja teoria – retomada de seu mestre Magnus Hirschfeld e de Goldschmidt – é que existe uma sexualização neuronal. Jorgensen torna-se sua cobaia: "*Just refer to me as guinea pig nº 0000*[12]". A hormonoterapia, a cirurgia plástica, a castração, a penectomia se encadeiam – a vaginoplastia só será empreendida no ano seguinte[13], nos Estados Unidos. Até esse dia de dezembro de 1952 em que a notícia estoura e se espalha pelos meios de comunicação do mundo inteiro.

---

[9] "Alguma de vocês pôde, ao me olhar, pensar que eu poderia bem não ser realmente um homem, mas... uma mulher?".

[10] Em sua busca do sexo, o significante *anjo* faz a ponte entre dois lugares de investimento: o domicílio, Los Angeles, e o médico, Ângelo, embora deixando pairar a incerteza do sexo dos anjos.

[11] "[...] a transformação que você espera é possível".

[12] "Basta considerar-me como cobaia nº 0000". Por que o nº 0 e não o nº 1? Notemos a impossibilidade – corrente nas psicoses – de estabelecer uma numeração, para ficar apenas nas cifras.

[13] As conseqüências imediatas dessa última intervenção dão lugar ao que se chama em psiquiatria um "fenômeno elementar" – aqui, o aparecimento muito breve de uma manifestação delirante persecutória: descobrindo no espelho um rosto inchado pelas marcas da máscara de oxigênio, Jorgensen sente uma angústia intensa e teme ter ficado mutilado para sempre por aquele que o operou. O deslocamento da modificação do corpo próprio no nível do sexo para o rosto é evidente. Uma nota paranóica a isso se acrescenta no processo que ele pensa então intentar contra os autores da intervenção. O editor de seu livro, aliás, nos confirmou o gosto fácil de Jorgensen por processos.

Daí por diante se instalam outras próteses à sua impossibilidade fálica, numa seqüência de transferências sucessivas para com diversos personagens mencionados por Jorgensen em sua biografia – até aqueles estabelecidos sobre Hamburger, depois sobre Benjamin. No que diz respeito ao primeiro, vai fazer dele um pai ao adotar seu prenome: *"Dr. Hamburger was the man to whom I owed so much. I transposed his first name, Christian, into the feminine, Christine...*[14]". Vai se pôr a serviço do segundo como garoto-propaganda nos meios médicos e nos meios de comunicação, fazendo com que, por seu testemunho, ele ganhe o apoio de um corpo médico americano até ali bem desfavorável às teses e terapias do transexualismo. Vai ajudar Benjamin a convencer e a mandar operar seus primeiros pacientes na Europa, até o momento em que (1965) as primeiras intervenções lícitas poderão ser praticadas no Hospital Johns Hopkins de Baltimore.

Jorgensen sobreviverá apenas alguns meses após seu protetor, depois de ter vindo prestar uma homenagem pública à sua memória, ao longo da qual emitirá algumas dúvidas sobre o sentido mesmo da palavra "transexualismo". Entretanto, tendo se tornado ele mesmo objeto próprio a fascinar o olhar dos outros, ele nesse meio tempo fizera para si, desse estatuto de objeto – sempre graças aos meios de comunicação –, um ofício, relato que ocupa toda a segunda parte da obra.

Como na primeira, o relato é simplesmente cronológico. É interessante notar o que lá não figura: da mesma forma que, antes de sua "conversão sexual" – mas sua inibição, sintomática, explicava então essa ausência radical –, Jorgensen não diz uma palavra sobre sua sexualidade, nem sobre qualquer atividade sexual, seja ela masturbatória ou tome ela outras vias. Jorgensen é um fantoche sem sexo – "*I felt like a puppet waiting for the master to manipulate the strings...*[15]" –, levado de um lado a outro e oferecido no mundo noturno ao reino do olhar[16]. Nenhuma menção de uma vida

---

[14] "O doutor Hamburger era o homem ao qual eu tanto devia. Transformei seu prenome, Christian, colocando-o no feminino: Christine...".

[15] "Eu me sentia uma marionete a esperar que o mestre viesse puxar os fios...".

[16] Como nota muito finamente, ele tem que ser sempre um *make believe*, alguém que "faz crer". Mas não é no semblante neurótico ou na impostura perversa. Para ele, fazer "a mulher" não pode ser semblante, ele tem que se tornar a *verdadeira* mulher, e que marque a verdade disso no sacrifício de sua própria carne.

amorosa: sua vida afetiva está restrita aos vínculos transferenciais que o ligam aos autores de sua metamorfose.

Jorgensen pensará em se casar. Abandona essa idéia ao tomar consciência da natureza puramente conformista de tal união e do risco de vê-la virar um "desastre".

Sua existência está, dali por diante, exclusivamente vetorizada por esse gozo singular constituído pelo "envelope" do olhar, aquele que os outros dirigem a ele; reconhece que nenhuma outra via lhe está aberta: "*[...] there was no place to go and nothing else to consider but the entertainment world*[17]". Sua vida se desenrola de acordo com as normas americanas que fixam, de resto, os critérios do êxito: dinheiro, sucesso, casa, carros... Mas permanece afastada de qualquer referência ao Falo: da mesma forma que o transexual – era o caso de Jorgensen – quer se tornar uma "verdadeira mulher", George/Christine nos mostra aqui o que se pode chamar, por analogia, uma "verdadeira" cura.

---

[17] "[...] Não havia outro lugar onde se manter nem nada mais a visar a não ser o mundo do espetáculo".

3

Abordagens clínicas do transexualismo

Antes de teorizar o que está em jogo no fenômeno do transexualismo, vamos apresentar, neste capítulo, trechos de algumas entrevistas clínicas.

Por que esta escolha deliberada numa obra que não se dirige apenas a clínicos, já que as biografias de transexuais, legíveis por qualquer um, são numerosas – prova suplementar do interesse dos meios de comunicação que essa patologia suscita – e em geral facilmente disponíveis[1] ? Embora algumas sejam documentos interessantes, sofrem, no entanto, por terem sido quase sempre redigidas com a ajuda de um terceiro, o que embota o propósito, já que sua subjetividade é atenuada pelas exigências editoriais.

Decidimos, pois, dar aqui a transcrição de exames clínicos, tais como puderam se desenrolar e ser ouvidos, restituindo o mais próximo possível a língua, com seu estilo, as hesitações, as repetições, os lapsos, os erros gramaticais e semânticos, que fazem parte do discurso e permitem também apreciar sua estrutura.

---

[1] Além da obra de Jorgensen, já citada, mencionemos, entre outras: *Appelez-moi Gina*, de G. Noël; *Gender Outlaw; on Men, Women and the Rest of Us*, de K. Bornstein; *Le Saut de l'ange*, de M. Marin; *L'Énigme*, de I. Morris; *La Prise de robe*, de O. Delect; *Second Serve*, de R. Richards; *Il*, de D. Van Oosterwyxk; *Histoire de Jeanne, transsexuelle*, de J. Nolais e C. Rihoit; *Um homme en elle*, de P. Hewitt e J. Warren; *Simone*, de Simone; e, em primeiro lugar, a observação 129 de Krafft-Ebing, excepcional autobiografia de um médico húngaro, em *Sur l'identité sexuelle: à propos du transsexualisme*, op. cit., tomo I.

Essas entrevistas expõem "in vivo" as demandas do transexualismo[2] e permitem depreender uma clínica diferencial, a que distingue o transexualismo individual, o dos "transexuais" tal como aparece nos casos A e B, do que é apenas o semblante clínico, o transexualismo enquanto fenômeno social, tal como é apresentado por aqueles que chamamos em seguida "transexualistas", tal como mostram os casos C e D[3].

Entrevista com A.

Trata-se de um homem de 37 anos que sofreu uma transformação hormonocirúrgica, há alguns anos, na Grã-Bretanha.

Era antes casado e pai de um menino – autista, segundo ele. O divórcio foi pronunciado pouco depois da intervenção, a pedido da mulher. O Sr. A obteve em seguida papéis de identidade com feminilização do prenome e menção do sexo feminino. Seguiu-se uma vida ainda mais instável em todos os campos, pontuada por várias tentativas de suicídio; seus antebraços estão cobertos de cicatrizes de cortes de lâminas de barbear.

Veio buscar na França uma "nova vida" e trabalhar; reclama inicialmente, com insistência, a retomada de um tratamento psicotrópico que lhe fora prescrito no país onde vivia.

O aspecto geral é mais o de um homem travesti do que o de uma mulher.

– *Conte-nos o que está lhe acontecendo.*

– Não estou inteiramente segura do que me trouxe aqui... Eu estava contente e ficara apaixonada por minha patroa. Eu trabalhava 50 horas por semana para agradá-la e depois começamos a sair juntas de vez em quando;

---

[2] A intricação do transexualismo entre o aspecto médico e o social nos impõe a utilização de vários termos para designá-lo. Os nomes "transexualismo" e "transexual" remetem a uma generalidade médico-social, o de "síndrome transexual" remete ao aspecto médico e "fenômeno transexual" se refere ao social. Quando a abordagem da especificidade estrutural impuser uma terminologia mais estrita – o leitor vai facilmente identificá-la –, diferenciaremos, no interior do campo psiquiátrico, os "transexualistas" dos "transexuais".

[3] Um comentário mais específico de cada uma dessas entrevistas clínicas é apresentado no capítulo 7.

era bom, estávamos próximas, fazíamos coisas juntas, como se fôssemos amantes sem que fosse sexual, e acho que ela ficou confusa e perdida porque eu era transexual; eu lhe havia mentido, disse-lhe que era hermafrodita; ela mudou, tirou férias para fugir de mim e quando voltou não era mais gentil.

– *Você me dizia há pouco que é transexual. O que é que faz você dizer isso?*

– Sofri um caminho guiado por doutores e psiquiatras que acabou na intervenção em 1985, a cirurgia em meu caso era obrigatória, era uma questão de vida ou morte.

– *Antes da intervenção, como você se considerava? Como se poderia formular o seu problema?*

– Como nada disso, eu não sabia que os transexuais existiam; um nojo, eu estava com nojo de mim mesma, de meu corpo e sobretudo de meu sexo.

– *Você estava então casado; tinha filhos?*

– Sim, um menino; o filho era um acidente, não era desejado; tudo bem, transei com ela (minha mulher). Não quero falar disso; já respondi a essas perguntas, já me justifiquei, prefiro esquecer; era um inferno. O inferno continua de outro jeito, mas nem sempre; está muito melhor de lá para cá; foi mais fácil ser mulher para mim. A maioria do tempo consigo bem; estou cheia de falar do que houve, não tenho vontade de pensar nesse passado. Sou mulher, e era mulher antes.

– *Você é mulher para quem?*

– Para mim. Há 51% de transexuais que se consideram lésbicas; uma mulher que prefere as mulheres.

– *Você sempre preferiu as mulheres?*

– Sim; e daí? Posso gozar, mas não acontece muito, e não é o objetivo. É uma intimidade, um amor total.

– *Antes, com sua mulher, como as coisas se passavam?*

– Quando comecei o caminho para a mudança de sexo, tinha pensado em todas as conseqüências, exceto uma; éramos próximos, no fundo; eu quis fazer amor com ela e ela me repeliu dizendo: "não sou lésbica". Eu estava em pânico pelo fato de que o doutor não sabia absolutamente nada da minha condição. Me cortei toda; pirei com freqüência, com lâminas de barbear; esse médico recusava saber a opinião de alguém que soubesse: tive que insistir com ele para ver um especialista.

Meu filho é autista, o que não ajudava as coisas; há portanto duas pessoas completamente danificadas; eu não sabia na época que tinha depressão maníaca; foi após a intervenção que me disseram. Após a intervenção, eu tinha a liberdade de falar de meus problemas; antes não tinha.

Me divorciei; não tinha escolha. Estava tão apaixonado por minha mulher, estava colado a ela, em segurança com ela; é uma mulher extremamente educada, incrivelmente inteligente, dotada para tudo, muito bonita. No início, éramos amigos, ela era uma das únicas pessoas com quem eu podia falar livremente, ela sabia tudo, ensinou-me muito.

– *Qual foi o início de seus problemas?*

– Começou muito cedo, desde que me lembro, aos sete anos, acho, tomei consciência; eu não queria ser menino.

– *Você se transvestiu?*

– Sim, principalmente a maquiagem, maquiei-me com freqüência, e os vestidos da minha mãe.

– *E quanto a seu pai?*

– Meu verdadeiro pai morreu há alguns anos. Minha mãe se casou de novo eu não tinha ainda cinco anos; não conheço muito meu verdadeiro pai, vi-o alguns anos antes de sua morte; é um estranho total para mim; ele nunca nos deixou em paz; sempre arranjava histórias, batalhas legais com minha mãe para nos ter – tenho um irmão dois anos mais novo –, o que deixava minha mãe derrubada a cada vez; ela o detestava até querer que ele morresse; estávamos de acordo com ela e não queríamos vê-lo.

– *Você era confidente dela?*

– Sim, eu principalmente; lembro-me claramente, estávamos tranqüilos e ela de repente me bateu e me disse "Não me olhe como seu pai", depois tentou me reconfortar, ela me disse com freqüência que eu era exato como meu pai e isso me feriu muito; ela adorava os homens e os homens a adoravam, ela estava sempre cercada.

– *Ela era coquete?*
– Sim! e bonita; ela fazia teatro amador antes do casamento.

– *Você tomou o partido das mulheres através de sua mãe?*
– Sim.

– *Você eliminou os homens do terreno.*
– Sim, da minha vida.

– *Até você mesmo?*
– Sim.

– *Você tentou se suicidar após a intervenção?*
– Tomei anafranil, betabloqueantes e duzentos comprimidos de paracetamol; eu vivia uma tristeza total; o divórcio, eu não havia pensado nesse problema; no início, minha mulher me ajudou muito até o último mês; ela estava a par de tudo, assinou um papel de acordo.

– *Como o seu filho o chamava?*
– Com meu filho não era um problema, já que ele era autista, ele aceitava tudo. Além disso, na minha língua, chamamos o pai *dad* ou *daddy*, e há também um nome familiar para as senhoras, as mulheres, que é *poppy*; na época, eu falava mais francês; em francês, dizemos *papa* ou *papy*, ele me chamava então *poppy*.

Entrevista com a Srta. B.

É uma jovem de dezenove anos, solteira sem filho, desempregada; quer obter uma conversão sexual hormonocirúrgica de mulher em homem. Aspecto físico de "menino frustrado".

– Vamos ver juntos qual é a questão. Explique-me o que está lhe acontecendo.

– Bom, digamos que sou um rapaz, ora; além disso, o único problema é que estou num corpo de mulher e tenho o cérebro de um homem... isso me traz muitas dificuldades. Eu gostaria muito de me tornar o que sou realmente porque aí... isso pesa, ora.

– Diga-me, de onde vem a idéia de que você é um rapaz?

– Bom, está no meu cérebro, nos meus gestos, sou eu, é, é, eu sei, ora; como você, você sabe que é um homem, pois bem, eu sei que sou um rapaz; simplesmente, o problema é que caí num corpo de mulher e é só. É como se uma mulher soubesse que é mulher, é como se um homem soubesse que é um homem; em outras palavras, sei que sou um rapaz, mas exceto que estou no corpo de uma mulher. É como você, você sabe que era um rapaz depois, você tinha um corpo de uma mulher, ora...

... Eu gostaria muito de ser, enfim, o que eu sou, ora, porque isso pesa, é pesado demais, estou cheia, não posso mais ficar assim, não é possível, não poderei suportar isso toda a minha vida, é claro, é algo pesado demais, é... Você não pode amar a pessoa que você ama, você sofre porque não pode dizer isso a ela, porque por quem ela vai nos tomar? Há um monte de coisas, você não pode ir à praia porque o que você vai fazer, você vai estar de maiô, vai olhar as moças? Por quem vão tomá-lo? Porque você sabe que você é um rapaz, você não vai se aproximar.

Não, não é possível, não funciona, não é algo que funcione. Tenho que tentar me tornar o que sou realmente: realmente um rapaz; e desejo de todo coração poder enfim iniciar as operações, tornar-me verdadeiramente eu mesmo.

– Pois bem, explique-me como tudo isso começou.

– Bom, desde sempre, ora, desde, desde que nasci. Eu era um menino, tudo se passava bem para mim porque eu era assim, não tinha seios, não tinha nada na época para entender quando se é uma menina ou um menino; a gente entende que os meninos têm isso e as meninas têm isso. A gente se diz: "mas o que é que eu sou, afinal?". Olham, mas estou na pele de uma menina, mas sou um menino, enfim, você tenta entender, mas não é possível, e depois você vê pessoas na tevê que dizem: sim, eu era isso...

– *Quem?*

– Bom, os transexuais; e aí isso abre você porque você se diz: "pronto, enfim sei o que sou". E é a liberação porque a gente sabe que nome dar a essa doença, já que a gente não sabe no início; a gente pensa "bom, o que é?", mas a gente não sabe: a gente é lésbica, a gente é o quê? Mas não, não é possível porque uma lésbica não sente isso, não é algo assim. E quando vi aqueles documentários, encontrei-me completamente porque o que ele dizia era o que eu sentia.

– *Diga-me justamente qual foi o documentário que a liberou.*

– Era... acho que eu tinha doze anos, era um, uma bela mulher que tinha conseguido exprimir seus sentimentos para a família: quem ela era, quem ele realmente era porque era um rapaz...

– *Você me diz que faz esporte?*

– Quando você não tem nada para fazer, você fica de saco cheio e, além disso, você tem tantos problemas, pois bem, você tenta gastar sua energia em alguma coisa; pois bem, eu achei que o esporte me soltava, é como uma droga; quero viver para mim, para viver e fazer o que quero, mas não quero viver para eles, quero viver para mim. Quando isso tiver acabado, desejo...

– *Quando* isso *tiver acabado! Quer dizer?*

– Pois sim, quando eu for eu mesmo.

– *Quando o que tiver acabado?*

– Quando eu for eu mesmo, quando eu tiver acabado com tudo isso, quando quero partir, quero fazê-lo e vou partir em bases novas, vou partir para outro lugar, quero fundar um lar.

– *Fundar um lar?*

– Bem, ter uma namorada.

– *O que é que a impede, se você tem uma namorada que a agrada?*

– Mas é impossível.

– *Pois então, por quê? Explique-me isso, dê-me mais detalhes.*

– Tudo bem. Imagine que eu vejo uma moça, aproximo-me por trás, é preciso que ela seja lésbica, e as lésbicas, o que é que eles querem: em princípio uma mulher, e eles querem uma mulher que seja mulher; eu não sou isso, eu sou um rapaz, não vai funcionar porque elas, elas querem a ternura de uma mulher, ou lhe falar como uma mulher, enfim coisas assim de mulher; eu sou um rapaz, gosto muito de ver televisão e futebol, gosto bastante de praticar esporte...

E procure uma lésbica que procure uma cara de homem! É... felizmente para mim, chamam-me de qualquer modo senhor, porque bom, bem, há vezes, é senhora; mas não, é senhor, está claro; não pode funcionar. Mesmo por exemplo tentar tomar-me por um rapaz com uma moça, assim, que não é lésbica, mas ela vai te dizer: "Mas o que você tem, na verdade, você tem o corpo de uma mulher, e você fala como um homem, mas o que isso quer dizer?".

– *Diga-me, já que estamos nisso, e se você me falasse de sua sexualidade?*

– Se você souber o que eu sou, não posso nem pensar num homem, não é possível; reflita, é algo impensável; sou virgem, não posso ficar apaixonado por uma mulher, não, não posso ficar apaixonado, não é possível. Não com isso, não é possível.

– *Quando você diz isso, é o quê?*

– Pois os seios, e além disso a gente tem vontade de ter um pênis, tirar os seios, tirar os ovários, não ter esses troços todos os meses.

– *Esses troços?*

– Bem, ter regras todos os meses é algo que é completamente... é nojento, é impensável por ter isso todos os meses, sofrer, e além disso é uma loucura. Não mereci isso. [...] Quero ser eu mesmo, quero que me tirem isso e depois ser feliz e é isso aí, e depois eu farei tudo para, tudo, tudo, tudo. Não quero isso, isso todo o restante da minha vida, não. Não, não é possível, é... e além disso.... não sei, não vou transar com, não.

– *Você não transou com, com quem, com um homem?*

– Ah não, não, você está brincando, nem com uma moça porque bom, bem, uma moça procura um bom rapaz, ora, para ela, quando ela me vê, ela tem a impressão de ver uma moça porque ela tem seios...

– *Diga-me, não se pode dizer que seja quanto aos seios que...*

– Pois sim, é feito de propósito. Sim, estou muito contente, porque faz isso de menos a tirar assim.

– *Isto é, o que haveria para tirar?*

– Isso, e além disso...

– *Não, mas isso, o quê?*

– Pois os seios.

– *Os seios, enfim, desculpe-me, mas não tenho a impressão de que você tenha muito.*

– Não sei.

– *Hem?*

– Não posso lhe dizer porque não entendo nada disso aí.

– *Você usa sutiã?*

– Mas não, não me interesso por isso, jogo eles em qualquer lugar, ponho eles no armário... hirc!

– *E por que você usa sutiã?*

– Bom, minha mãe, ela disse "ter que usar porque isso não fica em pé e...", mas o que é que eu não tenho nada que poder.

– *Diga-me, esses sofrimentos incomodam você então consideravelmente desde a idade de doze anos?*

– Ah sim, sim, não, mas porque na idade de doze anos, como a gente começa a entender a sexualidade e a gente se pergunta quem a gente é realmente; então, quando vemos uma reportagem, a gente se diz: "pronto, sei o que realmente sou"; quando puder, vou fazer com que aqueles que amo entendam e vou fazê-lo e tentarei fazê-lo por todos os meios; não sei se você entende o que eu quero dizer, não é possível, eu sei. É como quando você vê alguém na televisão, um transexual, e depois, quando você o escuta você tem a impressão de... você diz sou eu, é... o que ele diz é o que eu penso e é o que eu sinto.

– *Quando é que você foi falar de tudo isso pela primeira vez com alguém?*

– Eh, faz... bom, entreguei os pontos, disse para minha mãe; ela me disse: "Você é maluca".

– *Você pode me dizer o que você lhe disse exatamente, caso se lembre?*

– Eu disse... antes de mais nada quero que você entenda bem que desde sempre, eu disse: "Desde o início eu não sinto absolutamente nada pelas mulheres"; minha mãe me disse: "Não se preocupe, quando você tiver um amor fulminante, você vai ver bem como isso vai acontecer". E os anos se passaram; eu trabalhando, um dia cheguei em casa e não sei, vi a reportagem e pirei por completo, eu disse "Mamãe, escute, vou lhe dizer o que eu sou de verdade" e mostrei a ela a reportagem, eu disse: "Eis o que eu sou de verdade"...

– *Você teve, espere, você me diz, eu tive meus...*

– Eu tive minhas... minhas regras, ora, e...

– *Sim, você dizia "meus troços"?*

– Sim, meus troços porque... meus troços, sim, enfim, minhas regras, ora. E além do mais, sofro todos os meses, e meu irmão me disse...

– *Como são esses sofrimentos?*

– É como se arrancassem, como se puxassem algo de baixo... Minha mãe começou a aceitar e depois agora ela me diz "Puxa, estou muito contente"; ela me ajuda, tudo isso, me dá dinheiro para me ajudar nas operações.

– *Ela lhe dá o dinheiro para ajudá-la nas operações?*

– Sim, mas eu faço faxina, como não estou trabalhando nesse momento, faço qualquer coisa, ora.

– *Seu pai faz o quê?*
– Ele limpa os troços, ora.

– *Sim! Que tipo de homem ele é?*
– Um parisiense...

– *Por que você acha que as intervenções hormonais e cirúrgicas vão resolver as suas dificuldades, já que você sabe muito bem que, sejam elas quais forem, não vão mudar nada quanto a seu sexo de origem?*
– Mas só o fato de tirar os seios e também os ovários, vou poder enfim ser eu mesmo; você não pode imaginar que se tornar enfim si mesmo é como se você fizesse [...].

Sempre achei que ia me acontecer alguma coisa; é como se... é estranho; não há um dia em que eu não pense nisso, é todos os dias que penso nisso. Sim, qual é a lembrança... é sempre eu, é sempre comigo que acontece alguma coisa. Ou é alguém da minha família, meu irmão, minha mãe ou meu pai, é sempre assim, é com as pessoas que estão à minha volta e tenho sempre uma impressão de angústia.

– *Isto é, o temor, por exemplo, de que um deles desapareça?*
– Sempre tive a angústia de que, não sei, assim que estavam atrasados eu pensava: "Pronto, aconteceu alguma coisa"; então eu penso no pior sempre a cada instante.

– *Desde que você era criança?*
– Eu diria doze anos; eu disse isso a minha mãe, mas minha mãe me disse: "Eu também pensava sempre na morte"; então, perguntei-lhe por quê; ela não sabe, ela diz assim que é alguma coisa assim, cada vez que ela voltava da escola, ela sempre pensava na morte e não sei por quê, sempre lhe perguntei: "Mas você sabe por quê?", "Não, é assim, uma impressão"...

– *Diga-me, essas dificuldades que você tinha na escola é o que chamam dislexia, isto é, você invertia as sílabas, por exemplo, ou que você lia ao contrário?*
– Sim, é isso, e aí, quando eu queria escrever, não consigo escrever, porque quando me ditam alguma coisa, não me lembro, não vejo automa-

ticamente a palavra, não consigo escrevê-la; preciso que me dêem tempo para buscá-la; além disso, cometo erros de ortografia, mas eu sei o que estou escrevendo como erros de ortografia, corrijo-os, mas preciso de tempo; não posso acompanhar um ditado, por exemplo: pedem-me para escrever, eu não posso...

... Gostaria muito que me chamassem de Samuel, mas aparentemente isso os incomoda, ora, não sei.

– *Espere, não entendi direito; você diz: "Gostaria muito que me chamassem"?*

– Samuel, ora. Pois sim, meu prenome, ora, e depois não sei, isso os incomoda, eu então pirei, ontem à noite falei disso com minha mãe e fiz: "Estou cheio, queria muito ir embora ou me suicidar ou qualquer coisa, mas não adianta o que faço; serei mais feliz morto do que vivo, já que, aí, realmente, estou sofrendo, estou de saco cheio; lá em cima ao menos serei feliz, não terei mais problemas, não terei mais absolutamente nada, não terei de pensar em mais nada, serei feliz, ora...".

... Eu queria que todos esses problemas tivessem acabado; sei que não é possível de uma vez só e é isso que me deixa completamente... Queria começar as operações, que mudassem meu prenome; sei que não é possível, é isso que já está na minha cabeça, porque sei que é preciso tempo antes de fazer tudo isso e é isso que... Você vê, ora, consertar tudo isso, ora, é...

– *Consertar tudo isso?*

– Pois sim, são defeitos, são troços... Pois sim, estes seios, ter um pênis, ter barba, não sei como lhe explicar isso, é tão... não consigo me expressar porque tenho a impressão de que quando digo isso, o que sinto, as palavras que uso, tenho a impressão de que são mal ouvidas ou não sei...

– *Diga-me, essa impressão de que as palavras não servem para nada ou de que as palavras são mal ouvidas...*

– Pois sim, porque tenho a impressão de que, como dizer, elas são tomadas por outra coisa; então, não acreditam em mim, dizem: "Puxa, não sei o que você pensa"; tenho a impressão de que você pensa: "Olhe, devem ser outras coisas, ela deve ter outro problema"; então você procura, mas se eu lhe digo "Não sou mentiroso, juro, sei que quando tudo tiver acabado, serei feliz", tenho a impressão de que isso não serve para nada...

Desde que estou falando com você, tenho a impressão de que você não acredita em mim, é a impressão que você me dá e, depois, quando falo com alguém, sei que ele acredita em mim; por exemplo, sei que minha mãe, ela acredita em mim nisso, estou segura; mas os outros, sei que não é isso, tenho a impressão de que não me entendem quando digo isso, não sei, eles deveriam falar, dizer: "Diga-me o que você tem no fundo do coração"...

Enfim, você, você diz que eu, não é um meio de consertar para você, o que você disse, meus problemas, ora, você disse pensando na cirurgia, pensando em tirar uma parte de você mesmo, é o que você disse, enfim, empregou as palavras, mas para mim sim, porque é tirar esses pesos ora. Esses pesos, isso, não são meus, eu deveria ter barba; é, seria começar a tirar tudo isso, é, é, é ter uma esperança porque aí, por enquanto, estou falando, mas não adianta nada, eu sou sempre assim, e depois os dias passam e depois é igual, estou todo desconjuntado...

– *Você nunca tira férias?*

– Não, porque minha mãe e meu pai não saem, então eu acho que não devo deixá-los sozinhos porque, bom, eles vão se entediar, então eu fico aqui para fazer o palhaço, ora.

– *Quer dizer que é esse o seu lugar em casa, é fazer o palhaço para distrair papai e mamãe?*

– Pois é isso, senão eles amarram a cara; então, bom, bem eu, eu estou ali para desbucetar, ora, para fazê-los rir.

– *Você está ali para desbucetar!*

– Pois sim, fazê-los rir ora, porque senão não sirvo para muita coisa, já que não tenho trabalho.

– *Senão você não serve para muita coisa...*

– Não tenho trabalho, estou sempre no meu quarto com meus problemas, ali.

Entrevista com o Sr. C.

Trata-se de um homem de 35 anos, estudos superiores, chefe de projeto em informática, casado, uma filha, que empreendeu um tratamento hormonal e pede uma modificação cirúrgica de sua aparência sexual. Traços finos, mas aspecto físico antes masculino, cabelos longos, barba curta, bem talhada.

– *Então, diga-me, C. é um nome de que você gosta?*
– Sim, tem uma particularidade alsaciana de que gosto muito.

– *Devo entender que na sua família falam alsaciano?*
– Não, polonês.

– *Logo, seu pai e sua mãe falam polonês?*
– Em casa, eles falavam polonês.

– *Você entende essa língua?*
– Eles sempre recusaram nos ensinar.

– *Por quê?*
– Acho que é mais por se preocuparem em se integrar. E talvez porque quisessem guardar a intimidade deles à mesa.

– *Explique-me, o que o levou a consultar a Doutora B.?*
– Eu diria que é uma longa história. De qualquer modo, sempre foi. Nunca me senti um homem. O problema é que vivo num meio que é relativamente violento em todos os sentidos da palavra. Não pude falar disso antes.

– *De que violência?*
– Meu pai é alcoólatra e minha mãe também, e não tive uma infância muito feliz! Então, nunca pude falar disso francamente como aqui. Aliás, por isso é que escondi isso durante toda a minha adolescência, o fato de me transvestir e de me sentir mulher.

– O fato de se transvestir?

– E de me sentir mulher e, logo, menina; eu fazia muitos trabalhos, esfregava meu quarto, ajudava muito minha mãe. E isso, eu escondi dela.

– Por exemplo, bem, você dizia há pouco "eu me sentia menina, eu me transvestia"; o que era para você sentir-se menina?

– Não, eu me sentia realmente uma menina. Tenho a impressão de que era o contrário, é assim que estou transvestido. E, bom, sendo jovem, antes da adolescência, era quando eu podia sair eu saía, ia fazer compras, ia embora, transvestia-me, ia fazer compras e depois comprar coisinhas, livros.

– Dê-me um exemplo.

– Bom, na época, eu comprava DOSTOIÉVSKI, era um de meus autores preferidos. Era um dos meios para me refugiar um pouquinho. "O idiota" é um livro que me agrada: é simplesmente que você tem pessoas que são profundamente boas, você tem pessoas que são profundamente más, mas não é porque a gente é bom que a gente faz bem em torno de si e não é porque a gente é mau que a gente faz mal em torno de si. Há uma ambigüidade que é fantástica [...].

– Qual é a lembrança mais antiga que você tem?

– Não sei; de ter-me sentido uma menina. Tive a impressão de me liberar da imagem que eu podia ter e que meu pai podia ter de mim.

– Que imagem seu pai tinha de você?

– Eu nunca soube muito bem. Eu era o mais velho, além disso ele esperava ter alguém, talvez, que jogasse futebol, que fizesse trabalhos, não sei, é difícil explicar. Como filho mais velho, eu era o rapaz da família. Ele era violento, muito, muito... A violência em casa são os golpes.

Mas a violência no cotidiano em casa pode ir até a morte, é claro. E onde se vê uma escalada entre meus irmãos e meu pai que um compra uma faca, o outro compra um 22 longo rifle, o outro compra uma arma. Os momentos em que as cóleras começam a explodir ou violências começam a estourar, estou sempre na obrigação de ser o mediador. Às vezes é muito difícil; é isso a violência; a violência não são palavras, a gente pode demonstrá-la.

O que me lembro são cenas de violência. Socos, minha mãe que foi jogada fora do carro em marcha. Minha mãe cobrava muito de mim também, é isso a violência.

Minha mãe também continuou o álcool. Ela estava o tempo todo no hospital para tratamentos de desintoxicação.

– *A sua mãe, hem?, não o seu pai.*

– Meu pai é alguém que segura a onda, é um milagre.

Era eu quem ia buscá-lo de vez em quando. E era eu que minha mãe incumbia de ir buscá-lo de bicicleta. Então, eu rodava todos os bares da cidade. Quando voltávamos, eu voltava para casa e depois o esperávamos, eu e minha mãe, e depois, quando ele voltava, eh...

– *Em quem ele batia?*

– Nos dois, mais particularmente em mim. Minha mãe costumava dizer que era por causa dos filhos que eles discutiam.

– *Em que parte do corpo ele batia?*

– Em mim era em toda parte, e também a gente se escondia. Eu ia para a cama e me escondia debaixo do edredon.

– *Com o que ele batia em vocês?*

– Podia ser o cinto, a arma dele.

– *Essas primeiras roupas de menina que você vestiu, pegou de quem?*

– Da minha irmã. Nunca teria ousado falar disso, teria medo demais que soubessem. Nem ouso imaginar se ele me tivesse visto nem que fosse uma vez, eu não estaria aqui hoje. Ele é capaz disso; já tomei uma facada, mas só a lâmina que entrava.

– *Conte-me isso.*

– Uma vez eu passei um fim de semana com meu irmão que queria buscar sua arma, meu pai que queria tirar a pele dele. Minha mulher e eu estávamos servindo de mediadores para evitar que aquilo tudo desandasse.

– *Você bebeu?*

– Sim. Principalmente cerveja, mas enfim, todos os álcoois fortes. Eu suportava relativamente bem; e há 6 meses parei. E os pesadelos voltaram.

– *Conte-me um.*

– Enfim, subo numa muralha; a muralha é bem larga, é muito muito alta também e depois aparecem buracos e num momento tenho que descer, e aí, tem uma escada enorme cheia de buracos, buracos imensos e eu tenho que tentar descer tudo, e tenho medo, aquilo me dá vertigens.

Antes de ontem: eu estava em cima de uma torre de madeira e eu descia uma escada e tinha medo.

O que é curioso é me perguntar por que vejo essa torre de madeira, é estúpido. De um certo modo, sou um pouco racional às vezes.

– *Você é muito racional.*

– Há coisas que são eh... isso reflete em algum lugar a realidade, algo que acontece, angústias... Sei que, aí, fico muito angustiado com minha filha.

– *Explique-me isso.*

– Tenho medo de que lhe aconteça alguma coisa. Tenho que verificar o que ela faz, o que ela foi fazer. Quando ela anda de bicicleta, vou com ela. Sigo-a demais; aliás, os psicólogos me dizem isso. Ela é acompanhada por um psicólogo, então eles me dizem. Ela tem sérios problemas de vista.

– *Sim, você me dizia que ela não tem os olhos na mesma posição.*

– Não, não. Ela tem problemas de cristalino, então ela vê muito mal, é acompanhada por um estabelecimento especializado. Ela é acompanhada por um psicólogo. E foi esse psicólogo que me incendiou, mas eh... com razão.

– *Que o incendiou?*

– Sim, porque ela me disse: “Você fica demais, demais atrás dela”.

E é verdade que essas angústias parecem um pesadelo que não é um pesadelo.

– *Que idade ela tem?*

– Dez anos. Não é fácil integrar alguém que não faz a diferença entre uma linha e um degrau.

– *E Emilie o chama por que nome?*

– Papai.

– *Isso lhe dá prazer? Hem?*

– Sim.

– *E seu pai, como você o chamava?*

– Eu nunca o chamei de papai, eu o chamava "o pai". A gente se tratava por tu.

– *Pois então, como foi que você acabou consultando a Doutora B.?*

– De início, fui ver – não agüentava mais – um médico-psicólogo, já que eu devia ter dezessete ou dezoito anos; comecei a beber como um doente, realmente como um doente. E aí fui ver um médico e lhe falei. Foi ele quem me aconselhou a deixar crescer a barba.

– *Espere, você lhe falou de quê?*

– Eu tinha dito para ele que me sentia mulher, que me sentia muito muito mal comigo mesmo, que me sentia uma mulher.

– *Você pode me explicar justamente o que é para você: "sentir-se uma mulher"?*

– Não sei. Detesto meu corpo, minhas partes que me são próprias. Mas é difícil dizer como a gente se sente mulher. A gente tem vontade, quero dizer, de viver como uma mulher, de ter roupas, de usar saias, vestidos, roupas de baixo, ter cabelos longos, poder se maquiar, isso tudo.

– *Você se maquia quando se transveste?*

– Sim.

– *Você faz isso onde?*

– Em casa. Mas não saio de casa. De noite, quando volto, no fim de semana. Se tenho que sair, vou para Paris. Conheço pessoas, às vezes saímos juntos, simplesmente pegamos uma mesa num restaurante.

– Pessoas que se transvestem também?

– Sim, não obrigatoriamente; há pessoas que nos acompanham que não são travestis. Há seis meses, faço uma hormonoterapia.

– Diga-me, qual é seu objetivo nesse empreendimento?

– A operação.

– Sim, e depois?

– O procedimento é um procedimento inelutável; vou até o fim, infância ou não infância, não quero voltar atrás. Perdi 20 anos da minha vida porque era alcoólatra, agora parei com tudo, fiquei tranqüilo, decidi ir ver o Dr. L., decidi ir ver um endocrinologista, amanhã, vou até o fim.

– Seria o quê, voltar atrás?

– Voltar atrás é parar tudo, cortar os cabelos [...].

– Diga-me, por que você usou barba?

– Me ajudou a suportar a imagem que podiam ter de mim. Eu tinha a impressão de que estava transvestido: era uma maneira de me transvestir.

– Você quer dizer que era uma maneira de você se transvestir oficialmente?

– Sim. "Agora vocês vêem que sou normal, sou homem": era transvestir-se.

– Então você viu esse médico, quando você tinha dezessete anos, que lhe disse: "Vai se resolver".

– Sim, teve o serviço militar; na aeronáutica; nos comandos.

– Pára-quedista?

– Não.

– *Teria gostado?*
– Certamente.

– *Quando você teve suas primeiras relações sexuais?*
– Depois do serviço militar.

– *Quer dizer que durante o serviço militar não houve nada, nem antes?*
– Tive muitas amigas, mas nunca quis namorar com elas.

– *Você nunca teve nem que fosse um beijo?*
– Nunca fiz isso e não procurava.

– *Não procurava ou então havia algo que o segurava?*
– Não.

– *Ou que o proibia?*
– Não que me proibia, mas eu não podia; é difícil definir como a gente se sente mulher e depois tentar beijar uma mulher. Há uma espécie de homossexualidade aí que me parasita ligeiramente.

– *Você leu muitos livros sobre o transexualismo? Diga-me as coisas tais como são.*
– Pois bem, será que eu li livros? Sim, mas, eh...

– *Quais?*
– Em particular, o do Pastor Doucé. Mas, bom, foi o primeiro e o último, pois os detalhes sórdidos não me agradam. Sou meio pudico, ora! Logo, não quis recomeçar. Quanto à questão do transexualismo ou o problema de identidade sexual, ela é muito muito pouco tratada. Quase sempre é tratada como um capítulo secundário da homossexualidade.

– *Aconteceu-lhe ter relações homossexuais?*
– Não.

– *Nunca? Como foi para você o tempo nos comandos?*

– Sabe, tenho horror à promiscuidade, tomar duchas com pessoas, isso, aquilo, para mim, é algo que me causa repulsa; fui empregado como oficial para ter um quarto só meu; fiz isso só para ter um quarto meu.

– *Você já tinha começado a se transvestir?*

– Oh sim! Era muito forte.

– *Diga-me mesmo assim, naquela época e mesmo antes, quando você era adolescente, você se masturbava?*

– Não. Já me aconteceu, mas vou lhe dizer, não é algo que me... eh... É como as relações sexuais com minha mulher, faz talvez dois anos que não tenho. Não penso nisso.

– *Você não tem com sua mulher mas também não tem com quem quer que seja.*

– Oh não. Só existe minha mulher [...].

– *Quer dizer que, por outro lado, hem, você só não consegue resistir é ao apelo de se transvestir?*

– Sim.

– *Diga-me, você quer transformar a sua vida, mas você sabe bem que, seja qual for a transformação física que você possa sofrer, você nunca será uma mulher.*

– Não; mas eu acho que é na minha cabeça [...].

– *O que é que o emociona?*

– Veja: passei a chefe de projeto há um mês, e estou às voltas com gabaritos que são enormes.

– *Quantos caras estão sob seu comando?*

– Depende, dez, vinte, trinta.

– *É fácil para você?*

– Sim, mas não de me achar no mesmo nível que os chefes de projeto que estão nos gabaritos em que eles estão; aí por outro lado me sinto constrangido; são pessoas que me deram aulas, que me ensinaram muito, e praticamente estamos no mesmo nível; há algo ali que não funciona [...].

– Você falava há pouco de ir até o fim. Já lhe aconteceu pensar, no que lhe diz respeito, em ir até o fim de outro jeito?

– Quer dizer, ter uma vida dupla, transvestir-me, fazer um tratamento com Androcur e tentar ao mesmo tempo ser pai?

– Não só, mas ter eventualmente vontade de se suprimir.

– Sim, às vezes.

– Você há pouco me dizia que na sua família as coisas podiam chegar ao assassinato.

– Sim, aconteceu-me em casa subir na beirada de uma janela, de noite, e fazer uma besteira.

Estava na maior depressão, sabia que minha filha estava na escola [...].

– Nesses momentos, a necessidade de se transvestir lhe vinha, ou nem um pouco, ou ao contrário isso tranqüilizava a tensão?

– Quando eu estava com vontade de me dar um tiro é que eu não podia me transvestir. Porque se transvestir é algo que me convém, que me tranqüiliza quando tenho vontade demais; posso fazer um monte de coisas, tenho a impressão de ser muito ativo, muito lúcido. Aí, tenho a impressão de viver uma outra vida, de ser um convidado; faço um monte de coisas.

– Dê-me um exemplo.

– Tenho um exemplo bobo simplesmente: às vezes – tenho um escritório em casa – estar com montes de papéis, isto, aquilo; é fenomenal! Às vezes, o simples fato de se transvestir, tudo fica muito claro, a gente pode analisar também as situações conflituosas que a gente pode ter na vida. É nesses momentos que tento ver as coisas de longe, em que penso: é preciso fazer concessões. Tive um conflito com um adulto e não me dei conta, se quiser, porque fico violento muito rápido.

– Ah sim? Então, vou lhe dizer algo, é que conversando com você isso não é nem um pouco evidente.

– Em geral?

– Quero dizer que na entrevista que estamos tendo não me parece nem um pouco evidente que você seja alguém que muito rápido fique violento nas palavras.

– Ah sim! Até as pessoas ficam surpresas.

– Sim, você surpreende o seu mundo.

– Não aqui no hospital, nesse caso é eh.... aqui eu tenho que ir direito ao assunto. É preciso de qualquer modo eh...

– Diga-me, nesses momentos, isso o deixa aliviado?

– Particularmente, quase tenho vontade de chorar, choro muito por nada.

– Você tem vergonha?

– Não é que tenho vergonha, é que às vezes é eh... como lhe dizer? Antes de chegar até aqui, eu tentava encontrar soluções, tentava temporizar, tentava encontrar soluções. Por que algo eh... diga-me eh... e sempre tenho a impressão de ter [...].

– Sim.

– E foi a má fé do meu interlocutor que me trouxe, taí.

– Nesses momentos, a sua voz muda?

– Ela fica mais aguda.

– Mais aguda.

– Curiosamente mais aguda.

– Diga-me, pois, em que circunstâncias você começou a pensar que a solução para o problema seria, como você diz, ir até o fim?

– Antes eu não via o fim disso, porque não conhecia, quando diziam Coccinelle, por exemplo. Isto é, não havia difusão pela mídia como tem agora. Não havia tampouco organização onde falar disso.

Acho que comecei a ver o programa com o professor BRETON; pensei comigo "é possível", e a melhor solução é que a gente possa conversar com um psiquiatra ou um psicólogo em terapia. Converso com o Dr. L., converso também com a Dra. P. que me acompanha. E acho que ela está fazendo um ótimo trabalho. Mas decidi fazer uma hormonoterapia.

– *Como você chama uma hormonoterapia?*

– Uma hormonoterapia, e fui então ver a Doutora P. para resolver esse problema de alcoolismo e aí a gente foi mais longe. O problema de alcoolismo estando resolvido, decidimos olhar as coisas bestas e ruins. Por quê? Porque eu dormia com a minha filha. No sentido eh... no sentido físico. Minha filha, um belo dia – minha mulher não estava em casa –, "Papai, quero dormir com você". Coloquei-a ao meu lado, contei-lhe histórias, adormecemos, só isso. E depois, uma vez por semana, ela me pedia para ir vê-la na cama, ler um livro para ela, me dei conta [...].

– *Quer dizer que aconteceu de você acariciá-la?*

– De maneira alguma, não, não. Mas a Doutora P. me explicou que era preferível [...].

– *Sem dúvida alguma. Mas o seu "era possível" talvez recubra outra coisa. Já que uma intervenção é essencialmente o fato de cortar algo, hem!*

– Pensei nisso também.

– *Em quê?*

– Na castração, fazer isso em si mesmo.

Mas aí, havia uma estrutura para acolher você, algo com pessoas que vão falar disso, é diferente, é completamente diferente. Além disso aí, você tem organizações que cuidam desse problema, pessoas que sofrem desse problema.

– *Qual você conhece?*

– A A.N.P., porque eu me havia inscrito no C.C.L. mas não era o meu lugar. Eu não estava nem um pouco no meu lugar. Havia pessoas homossexuais; já é difícil a palavra homossexual, é algo que quase me faz ficar vermelho. Sou muito pudico com isso.

– Mesmo assim posso lhe dizer isto: é que, mesmo quando os cirurgiões tiverem posto a mão em você com o bisturi deles, isso só vai mudar a sua aparência.

– Sim, mas eh...

– Então, o que eu gostaria muito é de que você me sensibilizasse, que me explicasse o que lhe dá essa espécie de segurança de que tudo isso será a resposta ao seu problema.

– É para tornar coerente, eu diria, o conjunto, o físico e o mental. Todos os dias, quando me olho, tenho alguns medos. Tenho horror do meu corpo. Preciso ter um corpo mais importante.

– Diga-me, quando você olha o corpo da sua esposa...

– Sinto inveja dela, tenho vontade de ser como ela, ainda que ela tenha bastante saúde.

– Quer dizer que ela é gordinha? Ela já era assim quando vocês se conheceram?

– Já. Sabe, uma vez, meu pai me fez a mesma reflexão quando a apresentei a ele, ele me chamou de lado e me disse: "Você não vai casar com isso!". Para dizer que não é uma bela mulher. Não é um manequim, mas quando a vejo, tenho realmente vontade de ser como ela, como uma mulher, é claro. Como Cláudia Schiffer seria melhor, mas não é possível.

Quem sabe o meu físico vai estar mais de acordo comigo mesmo. E é isso o importante.

O resto não tem muita importância. Até usar saias, tudo isso adquire importância nesse momento.

– Qual é o elemento essencial que você tem de usar para que precisamente essa angústia desapareça?

– Não é uma angústia, é um comportamento.

– Sim, mas você me dizia há pouco que, quando você está transvestido, as coisas ficam mais claras e mais fáceis.

– Inteiramente. É verdade que uma saia me acalma mais facilmente que eh... Talvez. É mais um gênero que outra coisa. Um comportamento, não sei como definir, é difícil.

Não vou poder mais ter filhos, isso é claro.

– Quer dizer que você será um homem transvestido em mulher até e inclusive em seu corpo próprio?

– Sim, pode ser entendido assim mas também se pode dizer uma mulher com tudo o que ela deveria ter tido desde o início. Só isso. Não é fácil.

Entrevista com o Senhor D.

Homem solteiro, sem filhos, vinte e cinco anos, estudante de psicologia; após ter pedido, por volta dos dezessete anos, uma transformação sexual hormonocirúrgica, finalmente iniciou, há dois anos, um tratamento psicoterápico. É um belo rapaz, de aspecto geral afeminado; está vestido "unisex", mas é claro que se trata de um homem.

– Então me diga quem você é.

– Quem eu sou? No que diz respeito a meus distúrbios de identidade, acho que é sobretudo isso que o interessa, eles apareceram muito muito cedo e, ao contrário de muitos que pensam, que acham que pertencem ao sexo, ao outro sexo, comigo é muito mais bem definido que isso, são realmente duas personalidades, quero dizer que são dois grandes núcleos: um núcleo feminino muito muito importante e um núcleo masculino que está ali também, que não vou qualificar de mais importante ou menos importante; enfim que está aí, mas que está mais sob o domínio do lado feminino; e os dois estão em conflito, estão, para falar a verdade, em conflito em relação ao meu corpo, porque acho que o problema, na minha cabeça, é bem claro: faz muito tempo que comecei uma psicoterapia e comecei, enfim, tomei consciência de meus problemas cedo e na idade de dezesseis anos.

Eu já tinha visto um psicólogo no terceiro ou no quarto ano primário por causa de problemas escolares de ortografia.

Eu lia muito bem, cometia alguns erros, mas era o sentido e o conteúdo do que estava no texto que eu não conseguia de jeito nenhum retranscrever; eu sabia falar dos personagens e um pouco das datas, mas depois, o sentido da história eu não conseguia... Eu ia à aula mas não escutava, estava o tempo todo na lua. Pensava num monte de coisas mas de modo algum no que me pediam para ler. Gostava de mergulhar num mundo imaginário, era isso. Era o tempo todo nas fantasias, no imaginário, em algo que me tirasse da realidade que me fazia enormemente sofrer e na qual eu me sentia realmente mal.

– O que é que o fazia sofrer na realidade?

– A primeira coisa que me fazia sofrer era estar em defasagem com o que eu representava para os outros; eu sempre quis, enfim, eu me sentia menina na cabeça e não entendia por que era rejeitado pelos meninos na escola, por que não tinha a possibilidade como minhas amiguinhas de brincar plenamente as brincadeiras de meninas. Eu brincava, mas sabia muito bem que – não é que fosse ruim, porque minha mãe sempre me deixou fazer isso, mas é que... – enfim, eu não fazia isso com uma inteira satisfação. No início de minha primeira infância, eu fazia isso com inteira naturalidade; e era isso, essa realidade que me parecia dura e de que eu tinha vontade de fugir e então é por isso que eu adorava a televisão; eu via televisão o tempo todo, adorava cinema, gostava bastante de ler mas lia histórias água com açúcar, Cinderela, enfim, tudo o que me permitia partir, ter uma escapatória.

O sofrimento físico também na escola, com os meninos, os insultos, tudo isso...

– Você me dizia principalmente o sofrimento físico?

– A verdade é que isso me aborrecia tanto no nível psíquico que acho que fisicamente isso acabava se deixando sentir, mas na realidade eram mais ataques de ordem moral; estive, da primeira infância até o quarto ano primário, numa sala só com meninas, enfim havia meninos, mas meninos havia muito pouco e nunca prestei muita atenção na presença deles; depois, minha mãe entendeu que aquelas meninas tinham importância demais para mim e que eu tinha brincadeiras de menina e que eu queria me mostrar como uma menina, ela então bruscamente, de um dia para o outro, trocou-me de escola e me pôs numa escola só de meninos; aí então, isso foi a mudança total, eu não tinha nenhum ponto de referência, não tinha mais brincadeiras, não tinha mais amigos, era um calvário durante um mês, um calvário que acabou numa tentativa de suicídio.

– *Conte-me o que aconteceu.*

– De um dia para o outro, fui para um dos colégios particulares mais famosos de N. Meu irmão fora para lá e tudo se passara bem com ele; minha mãe então me disse "você vai para lá também", mas eu não pensei nem um segundo que haveria somente meninos, não pensei no inferno que ia encontrar; mas não consigo precisar-lhe; é como uma menina que mandam sair apenas com meninos; não é isso ainda o mais grave, se eu tivesse sido uma menina eu penso que teria podido enfrentar isso; mas onde era duro é que eles sabiam que eu era um menino, já que só havia meninos naquela escola, mas eu me vestia um pouco como uma menina, eu não punha vestidos nem saias, mas sempre tive traços muito finos e sempre tive cabelos longos, logo tomam-me com freqüência por uma mulher de longe e é verdade que eu tinha traços bem finos.

– *Você gosta de que o tomem por uma mulher?*

– Gosto.

– *Já gostava quando era criança?*

– Não acho que eu prestasse atenção nisso.

– *Quer dizer que, na época, esse tipo de problema não lhe vinha à mente; você foi ver um psicólogo porque você não entendia nada do que lia.*

– Sim, e além disso eu não estudava nada em casa; não tinha vontade alguma de estudar, não estudava.

– *Em casa, havia quem na época?*

– Minha mãe, que nem sempre estava em casa, mas que estava lá de qualquer modo, minha irmã e meu irmão, e o gato; minha avó de vez em quando, e meu pai muito muito raramente.

– *Onde eles estavam, papai e mamãe? Você me diz que sua mãe com freqüência não estava em casa e seu pai muito raramente...*

– Minha mãe retomou os estudos de direito aos vinte e cinco anos e, além disso, ela trabalhava à noite; ela, não é que ela não quisesse, é porque ela tinha obrigações; e meu pai, de qualquer maneira, eu nunca...

– *Qual é a profissão de sua mãe?*

– Ela é advogada.

– *E seu pai?*

– Dentista. Eles moraram juntos até a idade em que eu tinha três anos e depois se divorciaram.

– *Então, você morava com sua mãe. Ela voltou a morar com outro homem ou se casou de novo?*

– Não, nunca; enfim, ela teve relações com outros homens mas nunca refez a vida; teve propostas colossais mas recusou.

– *Como foi que você conheceu o doutor B.?*

– Ehh, comecei a ver um endocrinologista. Eu já estava fazendo uma psicoterapia na época, com um psiquiatra; vi dois psiquiatras peritos nos meus problemas de identidade: o relatório era favorável, embora minha pouca idade – tinha dezoito anos – deixasse dúvidas quanto à minha identificação, quanto a uma identidade segura; assim, o doutor G. me disse: "vamos esperar um pouquinho, você vai fazer balanços endócrinos, e depois então você vai ver um psiquiatra de Bordeaux e depois eu penso que poderemos começar um tratamento hormonal". Era no fim do segundo grau, fiquei isento do serviço militar, fui então para Paris; marquei consulta com o Professor BRETON, que me indicou a Doutora B., com quem estou consultando há quatro anos.

– *Você nasceu quando sua mãe tinha que idade?*

– Vinte e três anos, por aí mais ou menos; ela era visitante médica entre dezoito e vinte anos, depois ela se casou então parou o trabalho; estava grávida, fora uma das razões principais dela se casar, acho; eles tiveram três filhos e eu sou o último.

– *Fale-me de sua mãe.*

– Tenho relações muito particulares com ela, muito muito fortes; tento desligar-me mas elas foram muito fortes; fui querido, fui amado, fui amimado, enfim, tive realmente todo o amor que uma mãe pode dar ao filho; tive até demais, disseram-me; eu estava o tempo todo na barra da saia dela e era verdadeiramente assistido por minha mãe; eu era o pato com o qual ela fazia tudo o que queria. Lembro-me de que ela ia à casa dos amigos, eu ia com ela na casa dos amigos, ela ia à praia, eu saía para a praia com ela, ela ia levar o cachorro para passear, eu saía com ela para levar o cachorro para passear, ela fazia compras eu... enfim, ela fazia tudo até o ponto de me levar onde ela era militante muito combativa mesmo das – vou me lembrar disso a vida inteira – ela é muito feminista mesmo, e era na época, em 1981, havia o ministério do direito da mulher, havia uma permanência em N. e ela ia sempre lá; tinha muitas amigas que iam lá e ela me levava; normalmente, as mulheres, ehh, não, os homens não tinham o direito de entrar naquele espaço.

– *Sim, as mulheres, hem!*

– E eu ia lá e me lembro de que todas as suas amigas diziam: "Oh que menininho bonitinho, olha só, coisa e tal", ninguém dizia "Este menino aqui, é inadmissível, ele tem que sair". Era: "Ele é tão bonitinho, é gentil, bem comportado"; enfim, de qualquer maneira, minha mãe podia me colocar onde quisesse, eu era um túmulo, enfim, eu era um túmulo, eu era um pato que não se mexia.

[...]

– *Na verdade, fora o seu avô materno que decidira a mudança de escola?*

– Na verdade, minha mãe recebeu um aviso do conselho de classe que dizia que eu devia repetir, que eu tinha problemas de abstencionismo importante: eu nunca ia à aula, ou se ia à aula passava os dias na enfermaria; ou passava os dias em casa matando aula, inventando até justificativas de ausência, a simular doenças para minha avó; meu avô então pensou: "que ele repita para fazer as mesmas besteiras, não vale a pena já que é assim, que vá para o internato, vai lhe servir de lição, ele vai apanhar e essas histórias dele com as meninas vão estar resolvidas, tudo enfim vai estar resolvido, vai virar homem de verdade". Está vendo, eu sempre tive uma atitude de sujeito apagado, muito inibido; olhei meu avô, eu sentia um ódio profundo dele, era o cúmulo, olhei minha mãe, para que ao menos ela..., pensei: "Ela vai me entender, ela nunca vai me mandar para lá". Pois bem, ela achou que era a melhor solução para mim. Pensei: "Muito bem, vivi o inferno durante um ano, ninguém está disposto a me escutar, já que tenho que viver o inferno na terra, vou viver o inferno nos céus; com um pouco de sorte talvez eu vá para o paraíso". E pronto, tentei então me enforcar; e aí então, eu tinha deixado a porta aberta para que me encontrassem, eu não queria que arrombassem a porta.

Depois, tive um monte de pequenos rituais de suicídios completamente loucos.

– O que é que você chama pequenos rituais de suicídio completamente loucos?

– O que era engraçado é que eu queria que me encontrassem morto mas de um modo muito simples; eu não queria que me encontrassem morto escondido, na verdade eu queria que me encontrassem morto da maneira que eu tivesse escolhido; eu tinha escolhido morrer porque o que eles tinham decidido para mim não era bom; se eu fechasse a porta, era uma maneira de me esconder, eu tinha deixado a porta aberta, tinha me colocado bem no meio de um cômodo, enfim, tudo era um pouco maquiavélico, tudo estava bem preparado; passei a corda em volta do pescoço, pulei mas isso eu... a verdade é que eu estava com o coração batendo a cem por hora, mas tinha lágrimas nos olhos, quero dizer que eu estava num auge de sofrimento que eu não podia mais gerir, então eu disse "Prefiro morrer" e quando pulei, pois bem, a corda arrebentou; e aí então, em vez de pensar "Subo de novo para instalar tudo", pensei "É um milagre", e aí então, acreditei entender uma enormidade de coisas.

Essa tentativa de suicídio que não se consumou e que foi um fracasso, eu a tomei sob o símbolo de um milagre, segundo o qual era meu avô [...] e que eu ia ter razão para tudo o que eu queria; então, depois disso, deixei a corda largada para que minha mãe descobrisse; ela logo dramatizou; eu lhe disse: "É isso, quase morri, não fiz graças a não sei quem, a Deus ou, enfim, graças a algo milagroso ou sagrado; isso quer dizer que não irei para o internato". Ela me disse: "Muito bem, você não irá para o internato"; e depois de tudo o que me aconteceu, porque eu vivi também depois coisas horríveis, mas muito menos atrozes que o que eu tinha vivido, não fui para o internato, minha mãe ficou bem mais gentil comigo; tinha entendido que não devia me mandar para o internato e isso era o que eu mais queria no mundo; e além do mais, depois disso, ela passou a ver meu avô como um monstro, embora ela fosse tão monstruosa quanto ele: "Sim, era um monstro, ele quase matou meu pequeno Mathias, não se preocupe que ele não vai mais lhe fazer mal e coisa e tal...".

Depois dessa história tudo se passou muito bem, mas eu realmente tomei aquilo como algo milagroso; idéias suicidas, agora, eu não tenho mais, mais nenhuma, e acho que não terei nunca mais. Enfim, esse ato permitiu que eu mostrasse a eles que era uma recusa total querer ir para o internato. Não pude verbalizar, não pude ter a linguagem para dizer isso porque eu era inibido demais, apagado demais; foi um meio de fazer isso, para dizê-lo; o que foi triste depois é que minha mãe não viu por trás desse ato tudo o que havia como sofrimento, porque eu nunca lhe falei de tudo isso.

– *Diga-me, como você está vivendo atualmente?*

– Não vivo sozinho, vivo com outro estudante, um estudante de arquitetura, e eu estou fazendo licenciatura de psicologia.

– *Como é a sua vida sexual?*

– Não é satisfatória.

– *Aí eu vou lhe dizer: diga-me, precisamente com quem?*

– Tenho relações principalmente com homens, minhas preferências são homens heterossexuais; acontece de eu ter relações sexuais completas com pessoas, flertes, enfim, ou relações afetivas ou relações sexuais, se entendermos preliminares e tudo isso, tudo vai muito bem com as mulheres; e com as mulheres é igual, quero dizer que o que é engraçado é que são as mulheres lésbicas ou mulheres heterossexuais às vezes, ou homens heterossexuais; os homens homossexuais não me atraem muito e as mulheres heterossexuais tampouco.

Aconteceu de eu ter, quando jovem, relações com mulheres heterossexuais, mas faz muito tempo, muito tempo.

– *E até onde iam estas relações?*

– Até a penetração. Enfim, eu precisaria situar no contexto: eu fazia isso unicamente para que os amigos me considerassem, para que não me considerassem homo [...] eu não me julgava, mas para os outros, para os meus amigos, era importante saber que eu era heterossexual; assim, eu me forçava a ter relações, nas noitadas principalmente, com garotas que me caíam nas mãos...

– *Elas caíam nas suas mãos porque achavam você bonito?*

– É.

– *Qual é o objetivo dessas consultas com a Doutora B.?*

– O objetivo dessas consultas é que eu tenha um [...] e não quero que se desenvolva no sentido proscrito, não quero, cuido dele, depilo o rosto e depois o corpo, presto atenção no peso, presto atenção no esporte que faço para ter só os músculos que é preciso, enfim, presto bastante atenção para não ter uma musculatura importante, para não ter uma imagem viril do homem.

– *Diga-me, por que você não tem vontade de ter uma imagem viril?*

– Porque nunca tive a imagem...

– *Você me dizia há pouco que você era uma imagem, hem! O que é que o incomoda na imagem viril?*

– Não é que ela me incomode, para mim não tenho a impressão de que ela possa se calcar no que eu penso; bom, é uma imagem viril, aprecio uma imagem viril, mas para mim não consigo fazer desenvolver uma imagem viril de mim, não sou capaz disso.

Você vai me dizer que é bem possível viver com uma imagem, pode-se muito bem ser musculoso sem ter uma imagem viril. Mas, ao lado disso, há uma imagem viril que não quero fazer desenvolver e uma imagem feminina que espero; mesmo que eu tenha uma silhueta feminina, quero mais, espero mais... É por essas razões que vejo a Doutora B.

Faço uma psicoterapia ao mesmo tempo há dois anos; quanto aos problemas, de qualquer modo penso que eles aos poucos se resolvem, já que estou fazendo licenciatura em psicologia e faço meu estágio em psiquiatria, assisto minhas aulas na faculdade de psicologia, vou fazer o curso de psicoterapia, escuto; passo quase todo o meu tempo a fazer psiquiatria e psicologia, isso não me incomoda nem um pouco; ao contrário, gosto muito disso.

E além disso, de qualquer maneira, se venho aqui é por razões também, para avançar no meu trabalho, para avançar eu em mim, para avançar muitas coisas. Mas me agrada, não me incomoda; bom, é verdade que é por isso que há momentos em que lhe digo, vejo-a (a Doutora B.) de maneira intensiva, mas, assim que sinto que está melhor, não a vejo mais. Então, eu deveria revê-la não antes de dois meses.

– Diga-me, o outro estudante com quem você divide o apartamento, na verdade não é seu companheiro?

– Ah! não, não, de modo algum.

– Acontece de você se transvestir?

– Tenho horror dessa palavra, porque não me transvestia como o perverso; na palavra travesti, sei que o problema em psiquiatria é que na palavra travesti há uma conotação que não é minha; enfim, é verdade que é um transvestimento, reconheço isso, mas na verdade é um transvestimento que... bom, aí, poderíamos dizer que sou travesti: são sapatos de mulher, é uma calça de mulher, é um pulôver de mulher, enfim, tudo é de mulher, e por enquanto não tenho cara de travesti.

– Os seus sapatos não têm nada de sapatos de mulher...

– Ah não não, é claro, mas é para lhe dizer...

– O seu jeans é exatamente como todos aqueles que os outros têm, e o seu pulôver de gola rolê também.

– É por isso que vou lhe dizer...

– Que você efetivamente tenha os traços, como se diz, afeminados, hem!, e que tenha um certo – avanço a palavra – um certo gozo nisso não há dúvida. Agora, resta que, quando vemos você, vê-se logo que você é um senhor, um rapaz.

– Sim, sim, porque você não está me vendo na rua; basta me pegarem na rua de costas ou que me avistem e muito rápido pode haver uma dúvida.

– Isso lhe agrada, que possa haver uma dúvida?

– Não é que possa haver uma dúvida, a dúvida eh... eu preferiria que me tomassem por uma mulher; mas sim, isso me agrada, porque me sinto atraído pelos homens heterossexuais e digamos que é verdade que o que sinto de feminino em mim, aprecio que ele seja atraído por outros, e o que há de masculino, enfim que não me incomoda no meu psíquico mas que me incomoda fisicamente, prefiro então que seja abandonado pelo outro.

Enfim, bom, para voltar ao transvestimento, tenho vestidos, tenho coisas femininas mas que não considero como roupas fetichistas; visto-me na verdade muito unisex; o que visto, até no que é muito feminino, uma mulher poderia usar, enfim, um homem, enfim, uma mulher poderia usar se fosse no outro sentido, enfim, quero dizer, não procuro a feminilidade exacerbada, coisa e tal; enfim, tento estar bem, pôr meu corpo em harmonia comigo.

– Ah sim, caso contrário você não se diverte nisso!

– Não. Mas desde que eu... [...] não consigo nem um pouco me divertir num lugar heterossexual.

– Por uma razão bem simples, é que você é homossexual.

– Não estou convencido disso.

– Não está convencido, enfim, quero dizer que não se trata de um rótulo, hem! Mas os problemas que são os seus são da ordem da homossexualidade. No Bains Douches, que tipo de gente você encontra? Lésbicas ou...*

– Não, são homens heterossexuais.

– Drag-queens também?

– Também não, não, as *drags-queens* tem mais no Queen, principalmente nas boates homossexuais. Enfim, quando me travisto, não me travisto em *drag-queen*.

– Você se transveste como?

– Tenho cara, na minha opinião, muito mais de uma mulher; as *drags-queens* têm cara mais de coisas, de criaturas; não tive tempo de me depilar; é igual, passo um tempo imenso caçando pêlos, tenho horror a pêlos.

– Diga-me, quando você sai, você gosta de ficar se olhando no espelho?

– Adoro isso; mais narciso do que eu não se conhece...

Porque eu nunca tive o sentimento de ser homossexual, nem o sentimento de ser verdadeiramente transexual também.

– Você é efetivamente alguém que tem dificuldades da ordem da homossexualidade e não da ordem da transexualidade. Você é alguém que sabe muito bem qual é a sua posição.

– Ah sim, não, mas é verdade.

– Que você não esteja contente com isso é outra coisa.

– Ah não, não é que eu não esteja contente com isso, é que eu tenho dificuldade de...

– Isso é outra coisa, hem! Nem todos estão obrigatoriamente satisfeitos com o lugar onde foram alojados pela história e pela família.

– Não, não, inteiramente. Não, não, inteiramente. Ah sim, sim inteiramente.

---

* Boate parisiense. (NT)

Não, não, mas o que me resta, o último ponto a trabalhar, é somente eu e meu corpo; só isso, está terminado.

– *Você e seu corpo, quer dizer? Último ponto a trabalhar?*

– Pois bem, tento assumir ou minha masculinidade, ou assumir minha feminilidade; tenho dificuldade em digerir essa mistura das duas; ou então eu poderia ter sido gordo e ser obeso e ter tido dificuldade em gerir essa gordura e essa obesidade...

– *Diga-me, já lhe aconteceu ter vontade de ter filhos no futuro?*

– Não, eu sofri bastante na infância e...

– *O problema, justamente, é não transformar esse sofrimento da infância em algo que dure* ad vitam æternam.

– Não, não, é verdade, mas só que acho que é uma pergunta que não me faço atualmente, que me farei talvez aos vinte e sete ou vinte e oito anos, mas que não me faço atualmente*.

---

* Nota (julho de 2001): Tivemos a oportunidade de conversar novamente com o Sr. D. Ele agora vive com um companheiro, um pouco mais velho que ele. Terminou seus estudos de psicologia com uma dissertação sobre "A imagem do corpo" e trabalha atualmente como educador. Suas preocupações transexualistas desapareceram por completo e seu sexo masculino não é mais colocado em questão. Progressivamente cessou suas práticas transvestistas, que não o atraem mais. Seu aspecto físico além disso mudou: usa cabelos bem curtos, ganhou alguns quilos, a feminilidade de seus traços desapareceu. Tem o aspecto banal dos homossexuais que encontramos em Paris. Daquilo que nos diz, foi o fato "de ter ouvido coisas relativas a si mesmo que nunca lhe haviam sido ditas" durante as duas entrevistas que teve conosco em 1977 que provocou um choque. Seu sintoma transexualista e suas dúvidas quanto à identidade acabaram desaparecendo. Ele pôs fim à psicoterapia algumas semanas mais tarde.

4

Fabricação do gênero, apagamento do sexo

No final do século XIX, no momento em que os psiquiatras identificavam e repertoriavam as patologias relativas ao sexo, Freud pressentiu o papel essencial do sexual na estruturação do ser falante. Ele supunha que, na espécie humana, a diferença dos sexos, longe de ser apenas uma particularidade anatômica trivial, estava intimamente ligada, em suas conseqüências, ao que funda o homem – a fala –, que disso era indissociável e constituía, a este respeito, um ponto nodal das articulações que o sexo mantém, no ser humano, com a vida, a reprodução e a morte.

A psicanálise da histeria lhe permitira precisar, desde o início de sua obra, o papel do sexo em sua articulação com a função do pai e, portanto, com sua importância nas neuroses. Mas ele também adivinhara as conseqüências de uma instauração inadequada da identidade sexual na clínica das psicoses.

Alguns anos mais tarde, em 1911, os distúrbios psiquiátricos de que sofria o Presidente Schreber* – caso tornado célebre – permitiram a Freud entrever os estigmas de uma impossibilidade radical de aquisição de uma identidade sexual. Daniel-Paul Schreber, presidente duma câmara do Tribunal de Justiça Comum de Saxe, pôs-se a desenvolver, a partir de 1893, por volta dos 50 anos, uma psicose paranóica que ele expõe longamente numa volumosa autobiografia publicada em Leipzig, em 1903, sob o título de *Memórias de um neuropata*. A obra chamou a atenção de Freud, que dela fez uma análise magistral, em que mostrava como o delírio de Schreber, ao evoluir para o sentimento de uma feminilização inelutável, era a resposta delirante a um defeito inaugural na instauração de sua filiação simbólica.

Tornar-se mulher constituía, para Schreber, a um só tempo uma necessidade para manter a ordem do mundo e uma tentativa inconsciente para se curar de sua psicose.

Mas o conceito de *significante* – essa "armadura" que inscreve a palavra no registro do simbólico e permite que ela não remeta de maneira unívoca ao mesmo sentido – ainda não fora descoberto pela lingüística (só o será em 1913, graças aos trabalhos de Ferdinand de Saussure). Freud estava, pois, limitado em sua análise do delírio de Schreber e na formalização estrutural que ele dava da psicose; ele explicou o transexualismo schreberiano referindo-se a uma homossexualidade latente e recalcada, sobre a qual é evidente que aparece hoje bem inadequada para explicar tal delírio.

Desde o aparecimento do transexualismo enquanto fenômeno social e não mais apenas como manifestação de uma psicose, na década de 1960, aqueles que por isso se interessavam também tinham entrevisto nessa síndrome a manifestação de uma dissociação entre o sexo e outra coisa, que era preciso definir. Mas o fato de recusarem as descobertas freudianas forçava-os a inventar uma teoria própria e conceitos em adequação com uma realidade clínica observável e indubitável.

Primeiramente, Harry Benjamin propôs considerar o sexo como uma montagem diversa de componentes múltiplos. Distinguiu, assim, vários sexos: cromossomal, genético, anatômico, legal, gonádico, germinal, endócrino, psicológico, social, cada um deles podendo ser macho ou fêmea[1]. Para ele, não se tratava nem um pouco, nas diversas funções de um ser humano, das manifestações do sexo macho num homem, ou do sexo feminino numa mulher. Ele se inspirava, antes, nos debates do início do século sobre a noção de bissexualidade, desde as propostas de Krafft-Ebing até as teses delirantes de Fliess e de Weininger[2], e, se ele também bebia na fonte freudiana, era numa interpretação bem pessoal do termo bissexualidade, que aparece em Freud em 1905, nos *Três ensaios sobre a teoria da sexualidade*.

---

1 *The Transsexual Phenomenon*, New York, Julian Press, 1966.

2 Otto Weininger, Geshlecht und Charakter, 1903, tradução francesa: *Sexe et caractère*, Lausanne, L'Âge d'homme, 1975.

Benjamin estabelecia – como propunha Weininger – um *continuum* entre homem e mulher, o indivíduo definindo-se pela importância quantitativa dos fatores masculinos ou femininos encontrados no sortimento dos diversos "sexos" que o compunham. Em sua *Sex Orientation Scale*, ou SOS, ele avaliava a discordância entre esses sexos díspares, em particular aquela entre os "componentes" psicossociais e os "componentes" biomorfológicos: o transexualismo representava o ponto de discordância máxima.

Essa teoria conheceu um destino apenas limitado e raros são aqueles que ainda dão algum interesse à fragmentação de um sexo que pode ser multiplicado ao infinito: por que não o sexo hepático, o sexo do plexo, até mesmo o sexo da batata da perna, conforme seu volume ou a harmonia de seu galbo? Se o "sexo cerebral" ainda está na moda, e se este conceito continua suscitando o interesse daqueles que vêem em sua disparidade em relação ao sexo de nascimento uma explicação para o transexualismo que, enfim, tem a ver com a biologia[3], não se pode esquecer que a diferença observada em tal ou tal característica morfológica ou fisiológica não é a marca do sexo, mas dele é apenas uma característica contingente. Há, pois, aí, um problema de lógica mais que de fisiologia.

Foi então que apareceu a noção de *gênero*.

Desconhecendo a noção de Falo simbólico, tal como Lacan a definiu – isto é, o que, embora se apóie na realidade do órgão macho que é o pênis, vem, para a mulher tanto quanto para o homem, fazer valer sua inscrição na ordem sexual –, a antropologia social norte-americana tentou, desde o início da década de 1980, justificar sua recusa da bipartição sexual entre homem e mulher. Essa recusa, tendo por origem as exigências crescentes do reconhecimento identitário da homossexualidade, ia encontrar no transexualismo uma ilustração clínica mais própria – em nome da patologia – para lhe servir de justificação.

Assim é que sua zona de influência mais ativa, dirigida pelo sociólogo americano Gilbert Herdt, propõe sua própria via, a do "terceiro sexo-

[3] J. N. Zhou, L. J. Gooren et al., "A sex difference in the human brain and its relation to transsexuality", *Nature*, nº 378, 1995. Ver também a crítica de Catherine Vidal, "Le cerveau a-t-il un sexe?", *La Recherche*, nº 290, 1996, bem como o artigo de S. M. Breedlove, "Another important organ", *Nature*, nº 378, 1995, que, os dois, respondem ao de Zhou.

terceiro gênero", para resolver a aporia clínica apresentada pelo transexualismo. Seus adeptos constatam, a exemplo da psicanálise, a necessidade lógica de um termo terceiro para ultrapassar o enfrentamento imaginário da dualidade. Mas, ignorantes do conceito de Falo simbólico, eles vão criar um elemento suplementar: o "terceiro sexo". Se a construção deles faz, com efeito, aparecer este termo terceiro indispensável, este terceiro sexo – em razão de sua natureza imaginária, e não simbólica, como o é o conceito de Falo – só pode chamar um quarto, depois um quinto, etc[4]. Esse obstáculo não lhes escapa, mas, estranhamente, tampouco faz com que se detenham na construção de sua teoria.

Encontram apoio, com efeito, nas posições de Michel Foucault sobre a sexualidade humana e, eles também, se referem, numa apreciação muito pessoal, à teoria freudiana. Mas, sobretudo, para escorar sua construção, vão retomar e reinterpretar as observações de antropólogos da primeira metade do século, em particular as que foram efetuadas por Margaret Mead e Bronislaw Malinowski nos anos 30. A importância dessas observações, sua utilização inaugural do termo *gênero* – que vai, portanto, ser retomado à sua maneira pela antropologia social contemporânea – nas ciências humanas justificam que aí nos demoremos um instante.

Mead e Malinowski tinham notado, em numerosas culturas não ocidentais, a existência de organizações sociais que permitiam a certos homens adotarem condutas típicas do sexo feminino: assim os mahous na Polinésia, os faa-fine nas Samoa, os fakaa-fafine nas ilhas Tonga, os accaults na Birmânia, os hijras na Índia, os berdaches entre certos índios da América do Norte...

A identificação dessas condutas particulares era essencial para as descrições da antropologia estrutural, mas não parece que os costumes sobre os quais elas se apóiam – quase sempre determinados por práticas religiosas – acarretem, naqueles que os adotam, uma perda real de sua identidade

4 Ver *Third Sex, Third Gender*, sob a direção de G. Herdt, New York, Zone Books, 1994. É possível ler também as críticas muito pertinentes dessa teoria em P. H. Castel, "Alguns problemas relativos à definição da identidade sexual na antropologia social contemporânea" e "O paradoxo de Tirésias, ou como é: saber-se de outro sexo", *Sur l'identité sexuelle: à propos du transsexualisme*, tomos I e II, op. cit.

sexual e uma afirmação de pertencimento verdadeiro ao sexo oposto: trata-se, antes, de uma nomeação social de modalidades diferentes das nossas, que define o lugar do sujeito e regra suas relações com os outros, inclusive em certos aspectos de seus comportamentos sexuais. Ela não atinge os fundamentos da relação do sujeito consigo mesmo, isto é, o que lhe permite saber-se realmente homem ou mulher em seu sexo.

As forças que impulsionam esses particularismos são com certeza diversas, conforme as culturas. Mais recentemente, foram particularmente bem estudadas nos inuits, entre os quais o nome dado a uma criança poderá ser o de um de seus ancestrais defuntos, homem ou mulher, seja qual for o sexo da criança. Esse nome de empréstimo – esse "epônimo" – que ela vai carregar até a puberdade é aquele pelo qual o grupo social vai nomeá-la, e ela vai adotar o hábito do sexo da pessoa a quem o nome pertencia, numa identificação completa com essa pessoa, quer se trate de homem ou de mulher. O grupo social e familiar também adere totalmente a essa identificação e a suas conseqüências no comportamento da criança. Na idade em que a procriação se tornar possível, ela deverá fazer uma escolha: quase sempre vai decidir, mudando de nome, voltar a seu sexo de nascimento e suas regras sociais, ou às vezes – tornando-se pajé – escolherá, ao contrário, conservar um lugar singular na vida social de seu grupo, na definição da qual a noção de sexo enquanto tal não desempenha papel algum[5].

De todos esses trabalhos, a antropologia social norte-americana só ia reter e se apropriar do que convinha a seus objetivos, no caso o termo *gênero*, de que ela ia fazer um conceito que lhe permitia atenuar a radicalidade da bipartição sexual pelo apagamento da noção de *sexo*, substituída pela de *gênero*.

Importado por John Money em 1955, retomado em patologia por Fisk e Laub em 1973, o uso do conceito de gênero será em seguida consagrado por Stoller*. Substituir o sexo pelo gênero permite propor, à primei-

[5] Estas tradições foram bem precisamente estudadas por Bernard Saladin d'Anglure que, nessa oportunidade, parafraseando Simone de Beauvoir, utiliza a expressão muito problemática de "terceiro sexo", retomada em seguida pela antropologia social norte-americana. Ver "Du projet PAR. AD. I au sexe des anges: notes et débats autour d'un 'troisième' sexe", *Anthropologies et sociétés*, 9, 3, 1985.

ra vista, uma explicação elegante ao transexualismo: haveria, de um lado, o sexo real, o da reprodução sexuada, imposto pela natureza, consagrado em geral pela aparência e quase sempre aceito pelo indivíduo; e, do outro, o registro subjetivo do gênero que, na maioria dos indivíduos, concordaria com o sexo, o transexualismo mostrando, no entanto, a possibilidade de uma discordância[6]. Tal hiato, insuportável para o sujeito, levaria o transexual a querer uma modificação de seu sexo para pôr este de acordo com seu gênero. Com efeito, este último, trazido pelo desejo do sujeito, prevaleceria em relação às exigências estritamente reais do sexo. Teoria sedutora... Mas seria ainda preciso estar seguro de que se trata bem do desejo do sujeito mais que de sua vontade de ficar livre dele...

A mudança de vocabulário representada pela substituição do termo sexo pelo termo gênero, em aparência anódina, recobre, com efeito, uma subversão conceptual essencial de que é indispensável examinar em detalhe a gênese e os atores, e explorar atentamente as conseqüências doutrinais, jurídicas e sociais. Pois é a partir daí que se efetua a passagem do transexualismo, entidade patológica, ao "fenômeno transexual", manifestação social, que, este, leva a considerar a "escolha do sexo" como um direito do homem[7].

O gênero, na etimologia do qual se encontra a noção de origem, de nascimento, é inicialmente uma categoria gramatical perfeitamente arbitrária por sua "sexuisemblance[8]". Seu vínculo com o sexo é variável conforme as palavras e as línguas: seio, útero são do gênero masculino, ao passo que vara [pênis], bolsas são femininos (da mesma forma, barco é masculino, ao passo que *ship* é feminino).

O gênero é também um dos classificadores essenciais na taxinomia do mundo vivo: o gênero humano, o gênero dos primatas, etc. Como vi-

[6] Esta disposição está apoiada e calcada na doutrina do direito anglo-saxão da *privacy*: existiria o sexo real, público, dado pela natureza, e o gênero, no qual o sujeito viria idealmente conseguir para si um gozo privado, ao abrigo das contingências que lhe são impostas pela dita natureza.

[7] Voltaremos a isso no capítulo 5.

[8] Para retomar o neologismo judicioso de Damourette e Pichon em *Essai de grammaire de la langue française*, 1927-1950. [Palavra formada a partir de *sexe* [sexo], *soi* [seu] e *ressemblance* [semelhança]]. (NT)

mos, só tardiamente, com a antropologia, é que o gênero acaba por designar um papel social tradicionalmente ligado a um ou outro sexo: gênero masculino/macho, gênero feminino/fêmea. Mas não se trata de um vínculo rígido: em etnologia, o interesse dessa noção é que ela permite, ao contrário, dissociar o comportamento de um indivíduo de seu sexo anatômico e referi-lo a seu hábito cultural, que é devido à expressão de um voto, determinado individual ou socialmente.

O aparecimento dessa noção nova veio reativar, no sexual, as controvérsias entre inato e adquirido: o comportamento de um sujeito, nos diversos aspectos que diferenciam um homem de uma mulher, é geneticamente determinado ou é apenas uma criação de sua cultura, ou – para dizê-lo em termos mais antropológicos – de seu modo de criação? Nos anos 50, as conclusões desse debate entre natureza e cultura eram fundamentais para escorar os esforços que visavam extrair a homossexualidade do patológico.

John Money, interessado – e a que ponto! – nesse combate, vai dedicar toda a sua obra a defender e a tentar demonstrar a independência radical do hábito social em relação ao sexo biológico. Suas pesquisas eram fundadas na observação de sujeitos portadores de anomalias sexuais congênitas e no estudo das conseqüências do tratamento médico-cirúrgico de retificação de aparência bem como do modo de educação – masculino ou feminino – adotado.

Escorada em observações, cujo rigor se revelará por vezes duvidoso, e nos resultados de tratamentos para alguns mais justificados pelas necessidades da demonstração que pelo interesse das crianças bem jovens às quais eram aplicados, a tese de John Money conseguiu, nos anos 60, convencer a comunidade médica e psiquiátrica norte-americana. Ele demonstrava que o comportamento masculino ou feminino de um sujeito era governado por sua educação enquanto homem ou mulher, e não por seu sexo biológico: o gênero mostrava-se, assim, determinante em relação ao sexo.

Mas John Money, que permanecera fundamentalmente um profissional da prática, não conseguiu levar seu raciocínio até o termo de suas conseqüências lógicas, como vão posteriormente fazer certas escritoras, faróis do feminismo americano, que, estas, abolem qualquer vínculo entre sexo e gênero[9]. Pois se, para Money, a noção de gênero prevalecia em relação à de sexo, sua teoria, no entanto, mantinha a necessidade de uma adequação rígida entre os dois termos.

Sua recusa da dialética em ação nessa "gramática comportamental", cuja variedade através das diversas culturas a observação humana havia no entanto mostrado, impunha-lhe assimilar pura e simplesmente o sexo ao gênero. A aporia clínica do transexualismo era então explicada por um desacordo, insuportável para o sujeito, entre seu gênero e seu sexo, discordância que podia, e devia, portanto, ser corrigida. Com efeito, a noção de sexo uma vez apagada dos conceitos, o que o representa na realidade do corpo podia assim ser modificado sem que fosse necessário justificar-se mais adiante. Assim é que o transexualismo causava admiração por demonstrar e justificar *a posteriori* a posição do autor – a preeminência do gênero, ligado ao desejo, sobre o sexo, ligado à anatomia –, sem todavia mascarar-lhe o dogmatismo de início.

Apontaremos uma contradição que invalida seriamente a demonstração de John Money: se as teses feministas, de que ele sempre se fez ardente defensor, visam abolir a diferença no tratamento social habitualmente reservado às mulheres, ao estabelecer uma igualdade estrita com os homens quanto a suas prerrogativas, a noção de gênero tal como é utilizada por Money perde todo sentido. Pois, no empréstimo tomado à antropologia, ela só permanece consistente pelo reconhecimento de comportamentos especificamente masculinos ou especificamente femininos. Ora, é precisamente essa especificidade que é recusada na igualdade profunda exigida pelas feministas: não haveria comportamentos específicos de um homem ou específicos de uma mulher.

A origem da contradição que apontamos em Money reside de novo no erro que faz confundir o falo enquanto órgão – o pênis portado pelo

---

[9] Mencionemos Judith Butler, Susan Striker, Leslie Feinberg, Donna Harraway, Beatriz Preciado, entre outras, cujas teorias são vigorosamente contrárias ao transexualismo, que acusam de ser uma solução enviesada para o problema por elas levantado de modo político, e consideram os transexuais traidores da causa feminista.

macho – com o Falo enquanto significante, necessário tanto à mulher quanto ao homem[10].

O que não impede que o conceito de gênero e a teoria que dele decorre vão, a partir da década de 1980, fazer calar toda controvérsia no seio do corpo médico, inclusive psiquiátrico. Esse acordo será selado pelo apagamento da etiqueta do transexualismo, demasiado evocadora de uma patologia, e pela adoção do termo "disforia de gênero", que abre para um campo muito mais amplo; ele consagra o desaparecimento do transexualismo enquanto síndrome específica e até enquanto patologia. Ele se funde doravante num fenômeno social que não reflete mais senão a recusa cultural da diferença dos sexos. O feminismo, tal como o propõem suas autoras mais radicais, está – reconheçamos – construído sobre a recusa de aceitar uma diferença social entre homens e mulheres. Num primeiro tempo, essa reivindicação de igualdade descambou para uma reivindicação de identidade, que conduziu ela mesma a uma recusa da diferença não mais dos gêneros, mas dos sexos.

O sexo, indício da bipartição da espécie, desaparece enquanto tal, reduzido a uma codificação endocrínica ou genética. O novo conceito que é o gênero é uma noção variável determinada pelo desejo de cada um. Cada indivíduo é doravante portador de uma identidade – dita de gênero – a um só tempo sexuada e sexual, deixada de fato à sua mera apreciação pessoal. Quanto ao resto, caberá à medicina e aos tribunais darem ao indivíduo o sexo que ele deseja, em sua aparência e em sua nomeação.

Essa posição consagra o abandono de uma concepção da identidade sexual construída sobre a articulação entre real e simbólico. Ela substitui essa concepção por um agrupamento baseado no mero reconhecimento de um traço imaginário partilhado por todos os indivíduos do grupo assim criado: o grupo dos transexuais – à imagem do grupo dos homossexuais e de diversos outros agrupamentos contemporâneos inscritos na categoria geral do fenômeno *trans*. Esse modo imaginário de identificação não deixa de ter conseqüências que a psicanálise há muito trouxe à luz[11]. Ele rebaixa

---

[10] Ver capítulos 6 e 7.

[11] Ver S. Freud, "Psicologia das massas e análise do eu", tradução francesa em *Essais de psychanalyse*, Paris, "Petite Bibliothèque Payot", 1970.

o sexo ao nível de uma simples característica, totalmente desligada do que faz, no entanto, desde a aurora dos tempos, a essência do homem, a saber, que a fala, desde o nascimento, e mesmo desde a concepção, é parte interessada na constituição da identidade sexual, e logo, enquanto tal, uma conseqüência do processo de reprodução sexuada dimórfica. É sua articulação com o sexo que permite a um casal engendrar não apenas um corpo vivo – o que podemos chamar, retomando a etimologia latina da palavra, uma "pessoa" –, mas um sujeito, ser dotado de fala e criado pela fala[12].

Um agrupamento fundado no mero imaginário não autoriza mais, por conseguinte, senão uma posição reivindicadora que se refere à diferença induzida pelo traço partilhado por todos os indivíduos que nela se encontram, sua palavra de ordem sendo: "Todos iguais!". Mas é igualmente sabido a que ponto as lutas fratricidas são exacerbadas nos grupos desse tipo. No âmbito do transexualismo, isso é desde já ilustrado pelos ódios que agitam as comunidades ditas *trans*: os *straights* contra os *trans*, eles mesmos divididos entre os *gays*, que detestam os *sickos* (transexuais), os *butches*, que se distinguem cuidadosamente dos *ftm* (*female to male*), etc[13]. E só se trata aí de uma das potencialidades destruidoras do imaginário quando, entregue a si mesmo, autoriza o sujeito a combater o "estranho".

---

[12] O sujeito é, com efeito, mais que a pessoa, e antecipamos aqui o que vai ser detalhado nos capítulos 6 e 7: se a aquisição da identidade sexual requer, bem entendido, o real do sexo – o que determinam cromossomos e órgãos genitais –, ela também se apóia no que dele aparece, os caracteres sexuais primários e secundários. Mas o essencial, para ela, é seu reconhecimento simbólico, pela fala, a do Outro, encarnado quase sempre pelos pais. Não é, pois, um acaso se o transexualismo foi inventado ao mesmo tempo que havia o interesse pelas anomalias sexuais, que, estas, se manifestam unicamente no real do sexo e/ou em sua aparência.

[13] Ver "Transphobia on the web", *Vitale Letter*, nº 61, 25 de abril de 1999 (www.avitale.com); ver igualmente a revista *Arcadie*, citada por J. Doucé em *La Question transsexuelle*, Paris, Lumière et Justice, 1986.

5

A indisponibilidade do estado da pessoa: o sexo e o direito

Vimos o transexualismo solicitar não só a medicina e a cirurgia em vista de uma modificação de aparência, mas ainda a lei e o direito para obter uma mudança de estado civil. Os requerimentos apresentados ante os tribunais alegam as dificuldades encontradas na vida cotidiana em razão da discordância entre a aparência do indivíduo e a menção de seu sexo em seus documentos administrativos ou legais.

Mas a motivação real de tal demanda é mais profunda, já que as medidas adotadas em certos países – mudança de prenome, modificação do número na assistência social, ausência de menção do sexo na carteira de identidade – não impedem os transexuais de quererem, no entanto, obter novo estado civil: o transexual exige, da mesma forma que a mudança de sua aparência física, um reconhecimento de seu novo sexo que não passa apenas por sua aceitação social, mas pelo selo legal que vem atestá-lo. Esse imperativo é tão poderoso que, para certos médicos, assistentes médico-sociais e também, curiosamente, para alguns juristas ou magistrados, a mudança de estado civil torna-se parte integrante da terapêutica.

Vamos ver que a modificação de identidade pedida traz para o direito problemas difíceis, já que põe em jogo algumas de suas marcas essenciais, aquelas que se referem ao "estado da pessoa".

Com efeito, como a identidade – aquela, simbólica, do nome, mas também aquela, bem mais ligada ao real[1], do sexo – é estabelecida pela

[1] Temos de voltar aqui ao conceito de *real*, já esclarecido no capítulo 2. No que diz respeito ao sexual, ele não deve ser confundido com o material, orgânico, o biológico, até

sociedade? É aí que aparece o que aos olhos da lei define um indivíduo, dota-o de uma "imagem jurídica", embora limitando seus direitos e obrigações. Seria preciso aqui, para ser completo, desenvolver a diferença que a psicanálise permite reconhecer entre lei real e lei simbólica. Bastará, por enquanto, precisar que a primeira procede do direito positivo, o dos códigos e dos tribunais, cuja aplicação é regrada pelos magistrados, ao passo que a segunda é intrínseca ao que funda nosso estatuto de ser humano, isto é, de sujeito falante. Ela se aproxima daquilo que os juristas chamam "a lei natural", sem, todavia, com ela confundir-se.

Mais ou menos, com algumas variações conforme as culturas, a identidade, em direito, se compõe dos poucos elementos constituídos pelos nomes e prenomes, o sexo, a data de nascimento, a filiação, em geral inscritos num registro oficial. Eles compõem, nas variantes dos direitos nacionais oriundos do direito romano, o estado da pessoa. Estão submetidos ao princípio fundamental da "indisponibilidade": não pertencem ao indivíduo, a título de um bem de que ele poderia dispor e que ele teria a liberdade de modificar à sua guisa, mas são de ordem pública – por oposição ao que tem a ver com a ordem privada; eles definem e delimitam o sujeito aos olhos do corpo social do qual ele faz parte. Vemos aparecer aqui duas noções, a de *público* e de *privado*, essenciais para a abordagem jurídica do transexualismo e os julgamentos pronunciados a seu respeito. Elas também são conexas com a difícil questão fisolófico-jurídica da propriedade do corpo e com os debates que esta suscita há séculos: o corpo pertence ao soberano, ou ao Estado, ou então é ele propriedade do próprio indivíduo? Esta questão é fundamental em direito médico: ela define – ali onde ele é oriundo do direito romano – os limites do que é lícito em matéria de intervenções no corpo[2].

---

mesmo o genético. Ainda que esses termos e o que eles designam não deixem de ter ligação com o real, este último se refere, como dissemos, à categoria do impossível. É com esse impossível que está confrontado o transexualismo: impossível para todo aquele que quiser mudar de sexo, sejam quais forem as modificações de sua aparência física, e até aquelas que a lei real conceder por decisão de justiça. Um sujeito humano não pode escapar a esse *real* que o fez nascer homem ou mulher.

[2] Este debate permanece bem atual: diz respeito a todas as questões levantadas pelas doações de órgãos, pelas inseminações por doadores anônimos, etc, bem como à licitude de

Do que acabamos de expor, depreende-se que os vínculos entre o estado da pessoa e o real de seu sexo[3] – que preside a seu nascimento e que ela em nada pode modificar – são estreitos e rigorosamente estabelecidos e que só a justiça, a título da lei real e por razões bem definidas e muito restritivas, pode modificar um ou outro elemento desse estado civil[4]. Ora, não existe definição jurídica do sexo[5]. E, de fato, para tudo o que diz respeito a essa noção, os magistrados são levados a sair da "teoria pura do direito" para interrogar a disciplina que mais parece em condições de informá-los: a medicina.

Lembremos, aliás, que, no tocante ao corpo, os tribunais não esperaram a criação do transexualismo para serem chamados a se pronunciar sobre a modificação de estado concernente ao sexo. Os pedidos eram satisfeitos todas as vezes que os elementos materiais correspondentes às condições jurídicas necessárias estavam presentes. Assim acontecia com os erros materiais de transcrição (ou outros), ou ainda as anomalias sexuais constatadas após o nascimento ou na infância, quando tinham sido corrigidas pela medicina e a cirurgia, que satisfaziam plenamente os critérios de uma ação em retificação do estado.

Uma vez que são formulados a título do transexualismo, esses pedidos fazem com que a justiça saia desse quadro bem definido – que até os anos 50 não levantara a mínima dificuldade – e fazem com que penetre num campo onde se constata uma intricação extrema entre as posições dos três intervenientes na ação jurídica, a saber:

– os magistrados e os promotores, representantes da lei, encarregados de julgar as conseqüências nos casos de que são incumbidos;

---

qualquer intervenção médica ou cirúrgica, que só é autorizada pelo direito na medida em que é justificada por uma necessidade terapêutica. Ver o artigo de D. Folscheid em *Sur l'identité sexuelle: à propos du transsexualisme*, op.cit., tomo II.

[3] Lembremos que a palavra sexo provém do latim *sexus*, ele mesmo derivado de *sectus*: separação, distinção.

[4] O mesmo não ocorre com o nome, o único elemento que seja estritamente da ordem do simbólico; de fato, a maioria dos sistemas jurídicos admite com bastante facilidade sua mudança.

[5] Exporemos no capítulo 6 as dificuldades inerentes à definição do conceito de identidade, que são da mesma ordem.

– o requerente, operado ou não, que pede que seu sexo de estado civil seja conforme àquele que ele reclama;

– o perito nomeado pelos tribunais, solicitado para esclarecer os magistrados quanto ao sexo do requerente.

Os requerimentos fazem aparecer questões de fundo que interrogam a natureza do transexualismo e, portanto, o discurso de seus atores:

– Trata-se de reparar um erro? Em outros termos, é possível, juridicamente, considerar que essa síndrome é conseqüência de um *erro* quanto ao sexo e que a *reparação* médica desse erro deva acarretar um *direito* à retificação dos efeitos do erro quanto ao estado?

– O sexo foi realmente modificado pelo tratamento sofrido?

– O ato médico-cirúrgico, se modificou a aparência, era lícito e médicos e cirurgiões tinham razões para intervir?

Este último ponto, que concerne à apreciação do caráter terapêutico dos gestos médicos ou cirúrgicos praticados, e na medida em que houve atentado – além do mais irreversível – à integridade corporal, compete ao direito penal; mas é regularmente levantado na ação civil que o requerimento de mudança de estado constitui.

Sobre essas questões de fundo, de direito puro, vieram enxertar-se outras interrogações específicas ao transexualismo e que dizem respeito, no essencial, ao campo conexo do direito de família:

• O que acontece com as possibilidades de casamento ou de adoção para sujeitos operados – com a esterilidade disso decorrente –, considerando o estatuto jurídico do sexo que têm ou daquele que lhes tiver sido recentemente reconhecido?

• Qual pode ser o estatuto jurídico de um indivíduo cujo sexo de estado civil foi modificado, em relação a:

– um divórcio, ou um casamento anterior não anulado ou dissolvido?

– crianças que ele pôde ter antes da modificação?

– crianças futuras cuja paternidade ele poderia reivindicar (isso na eventualidade da "transformação" de uma mulher em homem)?

Não faremos aqui o catálogo da diversidade das posições adotadas pelos Estados que julgaram útil legislar, ou das diversas jurisprudências. Da mesma forma, não entraremos no detalhe dos debates de direito, muito complexos nesta matéria[6], mas nos interessaremos mais especificamente pelo direito francês, pelo direito europeu através das posições da Corte Européia dos Direitos Humanos e pela direção que parecem tomar as reivindicações do transexualismo, relativas a um "direito" à mudança de sexo de estado civil[7].

Chamados regularmente a se pronunciar, a partir das primeiras intervenções médico-cirúrgicas – para a França desde 1971 –, os magistrados do mérito, seja em primeira instância ou em apelação, mostraram em suas decisões posições divididas, concedendo ou não concedendo a mudança de estado civil conforme as jurisdições. As decisões não refletiam o enfrentamento de duas doutrinas, mas repousavam no exercício do poder soberano de apreciação de juízes pouco sensibilizados a raras jurisprudências; elas refletiam sobretudo as posições de princípio dos magistrados. Ora, estas não podiam ser escoradas por uma reflexão geral do direito e ainda menos por uma doutrina jurídica, que ainda permaneciam embrionárias. A atitude dos promotores era mais ou menos idêntica.

Em compensação, a posição do Supremo Tribunal, ao ter de se pronunciar sobre o assunto, foi mais nítida: ele sistematicamente recusou as mudanças de estado civil, em aplicação estrita do princípio de indisponibilidade do estado. Mas a jurisprudência do Supremo Tribunal mudou no fim do ano de 1992. Pois, nesse ínterim, intervieram as decisões da Corte Européia, várias vezes chamada a se pronunciar. E, em 1991, no caso B. contra a França, o Estado francês foi condenado, em nome do artigo 8 da Convenção Européia dos Direitos Humanos, que garante o direito de cada um ao "respeito da vida privada". Trata-se de uma decisão bem surpreendente do ponto de vista do direito puro, já que se estava julgando o caso de um transexualista[8], operado em 1972, em Casablanca, a seu único pedido – sem que possa, portanto, ser alegada uma qualquer necessidade terapêutica.

---

[6] Para uma apreciação mais estritamente jurídica dessas questões, podemos nos reportar ao estudo preciso e detalhado de J.-P. Branlard, *Le sexe et l'état des personnes*, Paris, LGDJ, 1993, bem como à obra de D. Salas, *Sujet de chair, sujet de droit, la justice face au transsexualisme*, Paris, PUF, 1994.

[7] Reivindicações oriundas da América e de certos países do norte da Europa.

[8] *Transexualista*, no sentido em que o definimos, e não *transexual*.

A França foi, no entanto, condenada por ter, em razão de sua recusa de modificar o sexo de estado civil de B., atentado contra o respeito de sua vida privada. A Corte Européia considerava assim que, em matéria de sexo, "a determinação de que havia dado prova a interessada", sua aparência física e seu hábito social bastavam para definir o de B., sem preocupar-se com a licitude das intervenções sofridas, com a necessidade terapêutica, nem com a realidade do sexo assim modificado. Sob a influência dos juízes anglo-saxões, majoritários em número, ela deixava de lado, assim, o princípio de indisponibilidade do estado.

O Supremo Tribunal Francês, quando o caso lhe foi de novo submetido, inverteu radicalmente sua jurisprudência em duas decisões de 11 de novembro de 1992, para autorizar a mudança de estado civil "nas situações de transexualismo autêntico", quando uma "necessidade terapêutica" justificar a modificação de aparência física, e somente "depois que uma perícia médica tiver estabelecido a realidade da síndrome transexual".

Os considerandos intrincados dessas duas decisões mostram, no entanto, o embaraço dos juízes, forçados, por razões diversas, a se submeterem às decisões de Estrasburgo e incomodados por um caso que, naquela situação, correspondia tão pouco às exigências jurídicas que eles, no entanto, enunciavam em sua decisão. Podemos considerar que eles devolveram a bola para o campo de uma medicina encarregada, assim, de fazer a arrumação em suas próprias posições, deixando-lhe, no fundo, o cuidado de definir o que é realmente o sexo.

A leitura atenta dessas decisões permite, no entanto, desvendar a tendência da Corte Suprema a uma aceitação tácita do princípio de que, em matéria de sexo, a aparência doravante fazia lei[9]. Para retomar a terminologia psicanalítica, o real do sexo estava doravante suplantado por sua aparência, que é de ordem imaginária. Vamos ver que esse deslizamento, importante em seus princípios, precede de pouco um outro, mais temível em suas conseqüências individuais e sociais.

[9] Havíamos, pouco depois e de um modo deliberadamente provocador, esboçado as conseqüências disso em "Que sexo você quer?", *Libération*, 17 de novembro de 1993.

Quais são as posições na aurora do terceiro milênio?

No que diz respeito à França, elas não mudaram. O Parlamento não desejou legislar num campo onde a extrema intricação entre público e privado, individual e coletivo, médico e social torna toda decisão perigosa. É preciso felicitar-se por isso, pois, na matéria, não é a lei real que permitirá fazer evoluir a maneira como a sociedade pode responder ao fenômeno transexual. Os tribunais continuaram a aplicar suas doutrinas próprias, sabendo, no entanto, que, no quadro definido pela Corte, sua jurisprudência seria com toda certeza aplicada em caso de recurso. Notemos, entretanto, um julgamento surpreendente, dado pelo Tribunal de Justiça de Rennes em 26 de outubro de 1998. Essa decisão autorizou, por razões manifestamente cheias de compaixão, uma mudança de sexo de estado civil sem que o requerente tivesse até sofrido uma modificação de aparência. O Ministério Público não recorreu pedindo a anulação, com certeza para evitar que nossa Corte Suprema tivesse de voltar ao fundo de uma questão difícil e embaraçosa. Sem saber disso, a Corte de Rennes foi, assim, adiante de pedidos formulados agora, com vigor, além-Atlântico, pelos *lobbies* do transexualismo.

A posição da Corte Européia sofreu, em compensação, uma evolução notável, perceptível em dois casos julgados no meio dos anos 1997 (X, Y, Z) e 1998 (Sheffield e Horsham), ambos contra a Grã-Bretanha. A leitura atenta dos considerandos mostra uma apreciação mais nuançada que antes da noção de "direito ao respeito da vida privada", que fora alegada em 1991 para condenar a França.

O primeiro caso merece ser relatado, pois é paradigmático das situações aberrantes criadas pela disjunção entre real imaginário e real simbólico quando ela atinge o direito. Trata-se do requerimento pedindo o reconhecimento, formulado por X – requerente cuja aparência fora transformada cirurgicamente de mulher em homem –, da paternidade de Z, criança nascida após uma inseminação por doador anônimo de Y – mulher autêntica –, companheira de X. Os tribunais britânicos haviam rejeitado os queixosos pelo motivo de que o direito inglês não reconhece as modificações que resultem de uma intervenção cirúrgica, "já que é medicamente impossível obter uma conversão sexual total" e "X sendo, portanto, sempre de sexo feminino não [podia] ser considerado pai de Z", ainda que este último trouxesse seu nome[10]. A Corte Européia ratificou a rejeição do requerimento pelos magistrados britânicos com os seguintes considerandos: "Se X se comporta sob todos os aspectos como o pai de Z, não existe norma européia em matéria de outorga dos direitos parentais aos transexuais [...] além disso, as preocupações expressas pelos queixosos são essencialmente teóricas [...] e nada se opõe a que estes formem uma família, ainda que a pessoa que assume o papel do pai não esteja registrada como tal".

O segundo caso, mais clássico – tratava-se de um pedido de mudança de sexo de estado civil –, provocou uma rejeição pelo motivo de que, no caso em questão, a recusa dos tribunais britânicos da mudança de sexo de estado civil não violava o artigo 8 da Convenção. Mas, sobretudo, a Corte Européia acrescentou que "a noção de vida privada não tinha nitidez" e observou também:

– que subsist[ia] um desacordo importante entre os especialistas quanto à origem do transexualismo, sua gênese e sua terapêutica: "Não houve progresso científico desde as decisões de 1990 e 1992, qualquer incerteza não tendo desaparecido quanto à natureza profunda do transexualismo, e por vezes nos interrogamos quanto à licitude de uma intervenção cirúrgica em tal caso";

– que uma "intervenção de modificação da aparência não mudava o sexo real do sujeito".

Essas duas decisões são importantes na medida em que parecem reconhecer a existência de um real sexual que não pode ser modificado, cuja articulação com o simbólico – no caso, a posição paterna – não pode ser deixada à guisa do desejo de um sujeito. Não acontece o mesmo em outros lugares e só podemos nos preocupar com a evolução em curso na América do Norte, onde os *lobbies* do transexualismo, criados ao longo dos anos 80 na esfera das reivindicações dos movimentos homossexuais, são organizados e poderosos.

Enquanto, nos Estados Unidos – como, de resto, nos países da Europa do norte –, de agora em diante é possível, a quem desejar, obter uma "reatribuição de sexo" hormonocirúrgica e jurídica, as reivindicações atuais

[10] Como vemos, a questão "O que é um pai" não interessa apenas a psicanálise.

parecem ir mais longe ainda na dissociação entre real sexual e real simbólico da identidade[11]. Um pedido dos *lobbies* transexuais visa, com efeito, obter desde agora que cada um seja pura e simplesmente livre na escolha de seu sexo de estado civil, este se tornando, *in fine*, a única referência que importa[12]. Tal reivindicação implica realmente uma denegação do real, com todas as conseqüências subjetivas lógicas que ela implica; a denegação, com efeito, marca mais que uma simples recusa: ela assinala a recusa de uma questão que, não estando examinada em suas determinações e suas conseqüências, não está, pois, submetida ao mínimo julgamento pelo sujeito, mas recusada como tal. Esse pedido visa, pois, afastar qualquer questionamento e qualquer debate quanto à noção de sexo.

Essa denegação do real apóia-se num silogismo cujo deslizamento é facilmente perceptível em sua feitura perversa:

– é primeiramente reconhecido e aceito que uma modificação do sexo de estado civil é um direito, já que uma transformação da aparência foi obtida por razões terapêuticas: é coisa feita na maioria dos países ocidentais;

– essa primeira proposta é, em seguida, modificada pelo apagamento de qualquer noção terapêutica; esse passo deveria ser proximamente dado, na medida em que a referência patológica progressivamente se enfraquece (ver a introdução) e em que seu desaparecimento é sustentado pelo comitê dos Standards of Care da Harry Benjamin International Gender Dysphoria

---

[11] Louis H. Schwartz, "Updated look at legal responses to transsexualism" em *International Journal of Transsexualism*, I, 2, 1997. Para temperar nossa apreciação das decisões da Corte Européia, deve-se precisar que, para o juiz holandês Van Dijk, há, desde já, em matéria de sexo, "um direito fundamental à autodeterminação: se uma pessoa tem o sentimento de que pertence a um sexo outro que aquele originalmente registrado e se ela sofreu um tratamento para obter, na medida medicamente possível, as características do outro sexo, ela tem o direito ao reconhecimento jurídico de seu pertencimento ao sexo que, segundo ela, corresponder melhor à sua identidade" ("Decisão Sheffield e Horsham contra o Reino Unido", opinião dissidente do Sr. Van Dijk).

[12] A posição jurídica de certos Estados – aqueles que autorizam a mudança de estado civil antes da intervenção retificadora – parece resultar da mesma apreciação, mas exige, no entanto, a modificação da aparência. Podemos, por outro lado, nos espantar com o fato de a justiça acabar por dizer *a priori* a terapêutica, medicina e cirurgia não estando mais, então, encarregadas senão da mera execução de decisões de justiça.

Association, organização autoproclamada desde fevereiro de 1979 para dizer a deontologia no tratamento do transexualismo[13];

– nenhuma exigência terapêutica sendo mais necessária para obter uma mudança de sexo de estado civil, a medicina e a cirurgia não têm, pois, mais necessidade da justificação terapêutica – com suas implicações de ordem pública.

Se seguíssemos esse raciocínio, criar-se-ia, portanto, uma discriminação entre aqueles que estão satisfeitos com seu sexo de nascimento e aqueles que desejam mudar de sexo legal, já que estes últimos seriam obrigados, para pôr em ato seu desejo, a passar por um tratamento, mutilador e irreversível, e que não é – e com razão – exigido dos outros. Seria, pois, legítimo abolir a diferença entre a exigência da sociedade para uns e sua ausência de exigência para outros. Bastaria, para tanto, não mais reter na definição do sexo senão a vontade do sujeito: este teria, então, o direito de dispor de seu sexo como bem entende e de fazer modificar seu estado civil como bem o deseja.

A denegação da diferença dos sexos que sustenta tal raciocínio manifesta claramente, no direito, certas conseqüências estruturais do "primado da ciência", tornada o significante dominante em nossas sociedades ocidentais[14]; a partir do momento em que a ciência faz espelhar a possibilidade da mudança de sexo, ela justifica essa denegação. Para o cidadão, essa denegação se concretiza pela força constrangedora que é imposta – em condições que explicitaremos no capítulo seguinte – pela evolução das possibilidades técnicas, quando o que é possível é entendido por um sujeito, tornado arauto da modernidade, como o que é prescrito, a título de um sacrifício consentido à Autoridade, assim honrada.

---

[13] *Vitale Letter*, nº 52, 8 de fevereiro de 1999 (www.avitale.com).

[14] De modo rigorosamente premonitório, Lacan já havia esboçado as conseqüências disso na conferência pronunciada diante dos internos do Hospital Sainte Anne, em 10 de novembro de 1967; ver *La Psychanalyse et la formation du psychiatre*, "Petite Bibliotèque freudienne".

6

Identidade sexual e sexuação

Já esclarecemos a gênese do transexualismo, o apagamento progressivo do conceito de sexo pelo de gênero, as dificuldades que ele levanta em direito e no exercício da justiça. Temos agora, nos dois capítulos seguintes, que expor o que a psicanálise pode dizer sobre a questão.

Primeiramente, consideraremos o processo complexo que estabelece a identidade sexual, aquele que permite a um sujeito experimentar-se sem ambigüidade homem ou mulher. Exporemos, em seguida, o que é a sexuação, isto é, o modo pelo qual um indivíduo, cuja identidade sexual está firmemente estabelecida, pode organizar sua subjetividade numa relação com o Falo que privilegia em seu gozo[1] ou o masculino ou o feminino. Veremos enfim como o Falo, se é indispensável tanto ao homem quanto à mulher para se reconhecerem sexualmente, não é um elemento que vem assegurar a ligação entre um e outro. Ao contrário, ele é também o que os separa radicalmente ao torná-los incomensuráveis um em relação ao outro. Há aí

[1] Convém aqui explicar esta noção, já que é essencial para a apreensão do sintoma dos transexualistas. O gozo não é o prazer, sejam quais forem seus imprevistos, nem a satisfação de uma necessidade. É, ao contrário, relativamente a essa satisfação, a marca de que qualquer relação com o objeto que ele busca deve passar pelos significantes inconscientes do sujeito. Lacan diferencia duas modalidades com relação ao gozo: a que se situa fora do corpo – na qual o corpo não está, pois, interessado enquanto tal –, que ele chama "gozo fálico" para marcar seu apego ao Falo simbólico; e aquela que, pelo contrário, diz respeito ao corpo, essa substância que faz limite e assegura uma consistência ao indivíduo. Ele chama essa segunda modalidade "gozo do Outro" para marcar seu apego ao real, o que está fora do simbólico. É a articulação dialética desses dois gozos, assumida pelo sujeito, que vai constituir a sexuação.

uma contradição aparente, uma daquelas que tornam a abordagem da psicanálise difícil, e que é devida à complexidade do conceito de real[2]. Pois é bem o real do sexual, este impossível – aqui, a impossibilidade de não ser ou um homem ou uma mulher –, que o questionamento do transexualismo põe em primeiro plano, questionamento que passa, vamos ver, pelo reconhecimento ou pela recusa do Falo.

A identidade sexual é o que, no real, assegura a um sujeito seu pertencimento a um conjunto: o das mulheres ou o dos homens. Ela tira sua origem da alteridade, ela também real, que rege a organização sexuada da espécie humana[3]: é preciso necessariamente a conjunção de dois elementos – óvulo e espermatozóide –, cada um pertencendo a um dos dois conjuntos que são o das mulheres e o dos homens, para que haja reprodução[4]. Mas isso não basta – vimos, com efeito, que, nos animais por exemplo, a noção de identidade sexual não tem sentido algum e que é até absurda. A identidade sexual real decorre, portanto, também do pertencimento de todo ser falante à ordem simbólica, aquela à qual introduz a linguagem. É graças à linguagem, à maneira como o ser humano é introduzido na ordem simbólica para nela se tornar um sujeito, que se constitui – também – a identidade sexual. Essa sujeição à linguagem introduz a distinção essencial entre identidade sexual por um lado, e posição sexuada – ou sexuação – por ou-

---

[2] Este conceito de real justifica retomar aqui o esclarecimento que já demos nos capítulos 2 e 5. No que concerne ao sexo, o real não deve ser confundido com o material, o orgânico, o biológico, até mesmo o genético; este se refere, aqui, àquilo com o que o sujeito é confrontado desde o nascimento. O real não é indissociável do simbólico e do imaginário, com os quais ele constitui as três categorias inventadas por Lacan e que, juntas, condicionam a existência do sujeito. Quando essa articulação estrutural fracassou, nas psicoses, os sintomas que ocorrem manifestam o retorno no real daquilo que não pôde ser articulado no simbólico.

[3] Essa organização já se encontra em certas bactérias; seu aparecimento na evolução do vivo está em correlação com a introdução da morte. Pode-se ler, a esse respeito, a tese, árida mas apaixonante, de F. Jacob e E. L. Wollman: "*La sexualité des bactéries*", Masson, 1959, e o curto comentário feito por Lacan em seu seminário de 23 de abril de 1974. Retomamos esse ponto, essencial, em 30 de junho de 1998, numa exposição na École Psychanalytique de Sainte Anne; em "*Bulletin de l'Association Freudienne Internationale*", nº 81, Paris, 1999.

[4] Pelo menos até hoje, já que a clonagem faz espelhar a possibilidade da liberação do "arcaísmo" dessa conjunção bipartida.

tro. As duas noções são próximas, já que ambas implicam o Falo simbólico, ordenador indispensável de tudo o que diz respeito ao sexo no humano, mas, como vamos ver, elas diferem pela modalidade de sua implicação.

Antes de abordar o exposto – difícil – da aquisição da identidade sexual e da sexuação, vamos dever fazer um longo desvio. É, com efeito, indispensável que o leitor fique um pouco familiarizado com o caminho que permite à criança passar da totalidade real e imaginária com sua mãe, que é a sua *in utero*, à constituição de sua subjetividade. Esta só se estabelecerá no momento em que ela adquirir o uso da fala, desde a dos outros que a cercam até a sua própria endereçada aos outros, para chegar, para além da necessidade e da demanda, ao que a psicanálise chama *desejo*.

O caminho em questão é apresentado por Lacan já em 1938, em seu texto sobre o "estádio do espelho[5]" – ao qual ele dará seus plenos desenvolvimentos nos anos 50. Eis aqui as etapas:

– Num primeiro tempo, o recém-nascido não faz diferença alguma entre seu corpo e o de sua mãe, nem entre si mesmo e o mundo exterior: ele está numa relação fusional inicial com o corpo materno.

– O segundo tempo corresponde ao reconhecimento pela criança, entre seis e dezoito meses, de sua imagem no espelho: "Esta imagem sou eu". Esta etapa essencial, que faz com que ela apreenda seu próprio corpo como uma totalidade – aquela limitada por essa imagem –, requer que, concomitantemente, ela tenha sido introduzida na ordem simbólica, a da linguagem. Essa introdução passa pela autenticação, simbólica, que a mãe vai dar ao reconhecimento pelo *infans* dessa imagem especular; ela requer que a mãe tenha, por sua vez, reconhecido e aceito a presença de um elemento terceiro essencial a essa operação. É nesse nível, no esquema desse segundo tempo, que se situa a intervenção paterna; e é a função paterna, aceita por si mesma pela mãe, que vai assegurar ao *infans* não permanecer nessa etapa de constituição egóica e poder ter acesso ao terceiro tempo, aquele que assegura a subjetividade.

– O terceiro tempo, para a criança, é o de uma perda. Com efeito, a intervenção paterna vai acarretar, para aquele que doravante se torna um

---

[5] J. Lacan, "O estádio do espelho como formador da função do Eu [*Je*]" (1936), retomado em *Escritos*, Paris, Le Seuil, 1966.

sujeito, a perda de algo no que ainda permanecera essa completude narcísica egóica: esse algo é o que a psicanálise chamou *objeto*. É a instalação do objeto – instalação negativa, já que é de uma perda que se trata – que permitirá ao sujeito, em seguida, o acesso ao desejo com a dimensão de falta que lhe está sempre ligada.

Nova em relação às concepções freudianas, a articulação lacaniana permite, pois, a conceituação do *objeto* que Lacan, para bem marcar-lhe a ligação com o real, vai designar pela letra *a*. A separação do objeto *a* da totalidade primitiva, na qual o *infans* está incluído em seu nascimento, funda, acabamos de vê-lo, a dimensão do sujeito propriamente dito, mas também permite a instalação da realidade, que é ela mesma a trama sobre a qual se estende o desejo. Para que um ser falante tenha acesso à subjetivação, isto é, ao estatuto de um ser falante que não é mais posto em ação pelas meras faltas das necessidades e das demandas, mas que tem acesso a essa outra dimensão constituída pelo desejo, é preciso, pois, que tenha ocorrido a perda inaugural do objeto, aquele que apresentava, no real e no imaginário, e representava, no simbólico, a relação fusional inicial com o corpo materno[6].

Outros elementos do que organiza a estrutura do sujeito, o Falo, de que já falamos, o Nome-do-Pai, o Outro, também intervêm nesse processo cuja apresentação voluntariamente simplificamos, embora a detalhássemos o bastante para que o leitor pudesse apreender-lhe as etapas. Vamos explicitá-las de modo mais preciso quando a necessidade se fizer sentir.

Voltemos à aquisição da identidade sexual: esta implica um reconhecimento fálico do sujeito; em outras palavras, que o Falo, esse significante indispensável à instauração da identidade sexual, tenha estado disponível para o dito sujeito na transmissão que lhe pôde ser feita – no caso mais comum, por seus pais, o que põe em jogo, portanto, a própria relação deles com esse mesmo Falo – e que ao mesmo tempo o sujeito tenha ele próprio estado em posição de aceitá-lo. Trata-se aí de um processo complexo, que

---

[6] Um defeito em cada uma das operações aqui descritas se manifesta nas diversas estruturas das psicoses; é o que fazia com que Lacan dissesse, a respeito do psicótico, que ele "guardou seu objeto *a* no bolso".

implica o que a psicanálise chama *identificação*, de que vamos desenvolver um dos aspectos.

A identificação, que Freud invoca bem cedo, mas só conceitua de fato em 1921, desenvolve-se de acordo com três modalidades, que nos dias de hoje qualificamos *real, simbólica* e *imaginária*. Entre estas, há uma – primordial – que intervém na constituição do sujeito e que Freud distingue apresentando-a como primeira: ele a chama *Vateridentifizierung*. É ela que reconhecemos como identificação real e é ela que assegura a identidade sexual. Ela faz isso pelo jogo de um reconhecimento paterno de que vamos ver como ele interessa a articulação do sujeito com o Falo simbólico.

Podemos traduzir *Vateridentifizierung*, termo ambíguo em alemão, já que nele se combinam genitivo objetivo e genitivo subjetivo, por "identificação paterna". Trata-se de um processo – inaugural na aquisição, pelo bebê, de sua subjetividade – no qual se combinam a identificação da criança com o pai – a criança reconhece a função paterna – e sua identificação pelo pai, isto é, a marca de reconhecimento dada pelo pai àquele que ele criou. Esse processo de reconhecimento recíproco que participa da terceira etapa evocada acima, a perda do objeto, põe em jogo este significante lacaniano difícil e quase sempre mal interpretado, que a psicanálise designa como "Nome-do-Pai[7]".

Essa identificação, que Freud também chama, de maneira enigmática, a do "amor do pai", é uma operação primeira indispensável à instauração que permitirá à criança apreender não só o imaginário, mas igualmente o real de seu corpo, isto é, nodulá-los como tais por intermédio do simbólico: é, com efeito, em e por essa nodulação que se estabelece a identidade sexual.

Qual é a força estrutural disso e a que título o Falo simbólico nisso intervém? O psicanalista Charles Melman[8] mostrou como, nesse processo,

---

[7] Para a psicanálise, o "Nome-do-Pai" não remete ao patronímico, mas à função simbólica do pai, aquela que obrigatoriamente deve estar em jogo para assegurar uma separação na fusão inicial entre o corpo materno e o *infans*, para permitir a assunção de um sujeito, nesse estádio ainda em devir. A propósito da instauração da função paterna, podemos nos reportar à obra – essencial – de J. Bergès e G. Balbo, *L'Enfant et la psychanalyse* (Paris, Masson, 1994), IVª parte, cap. 5: "Fonction paternelle et fonctionnement du père".

[8] Charles Melman, "La question de l'identification sexuelle", *Bulletin de l'Association freudienne de Belgique*, nº 20, abril de 1993.

o Nome-do-Pai, agente simbólico que assegura a operação, permite a instauração do real, porque intervindo também na estruturação subjetiva como representante de um elemento irremediavelmente perdido: ao fim desta, com efeito, é impossível para a criança reencontrar o pai; este está definitivamente perdido para o sujeito, ele assumiu o estatuto de um impossível – o que é a própria definição do real. Só resta assim um nome, um significante, mas um significante que vale agora por um objeto real, que não se pode mais reconhecer senão como uma letra.

A operação consiste, pois, numa *incorporação*, propriamente falando, desse pai definitivamente perdido. Ora, essa incorporação concerne ao Falo, o objeto paterno por excelência, já que, no registro do real, é o pai quem o tem[9]. É a partir dessa incorporação fálica que o sujeito vai poder estabelecer, isto é, aceitar, articulando-a com o simbólico – e isto graças à fala, que ele primeiro encontra naqueles que o cercam e o nutrem, seus pais –, sua identidade sexual real. Esta não é outra que o reconhecimento daquilo que o fez diferente no real – de uma mulher para o homem, do homem para uma mulher –, numa diferença que exclui então, veremos, toda relação possível na estrutura.

Vão nos dizer que o que acaba de ser exposto é precisamente o que não pôde acontecer nos transexuais e aparece em toda psicose quando a impossibilidade de acesso ao significante paterno – o Nome-do-Pai – proíbe a instauração da subjetividade e se traduz pelo retorno no real de diversos sintomas que marcam essa impossibilidade. E, no entanto, nem todos os psicóticos são transexuais! A esta objeção responderemos que – como sempre aconteceu para todas as elaborações psicanalíticas – um processo psíquico sempre se define *por graça e através* da observação e do estudo dos sintomas apresentados ao clínico pelos sujeitos em quem esse processo fracassou. Assim é que só os sintomas do transexualismo permitiram à psicanálise esclarecer a aquisição da identidade sexual e lhe permitem doravante diferenciá-la da sexuação. Mas, quanto ao fato de ser possível, a partir da-

---

9 Lembremos que a relação do sujeito com o Falo simbólico é estruturada no homem ou na mulher pela dialética do ser e do ter: o homem *tem* o Falo, ao passo que uma mulher *é* este mesmo Falo.

quilo que constitui uma pedra de espera, uma base de partida, ampliar o campo de aplicação de tal processo, não há aí dúvida alguma.

Àqueles que contestariam um caráter psicótico na forclusão da identidade sexual apresentada pelos sujeitos transexuais, responderemos então que, precisamente, em todo psicótico – e contanto que seja examinado como convém – é possível encontrar, seja durante episódios delirantes ou fora destes, a marca desse defeito de uma identidade sexual inscrita no inconsciente. É bem isto o que o caso do Presidente Schreber tinha revelado a Freud já em 1912, mas de rosto descoberto, se se pode dizer[10]. Certo, na maioria das psicoses, esse traço estrutural não ocupa a frente da cena e permanece fora de toda expressão sintomática: os sujeitos parecem saber qual é o sexo que é o deles, mas trata-se de um saber de pura conveniência; em compensação, tudo o que pode manifestar de modo certo a inscrição dessa identidade sexual no inconsciente lhes falta[11].

É bem o processo de identificação real que acabamos de expor que é impossível para o transexual, e é essa inacessibilidade à diferenciação sexual que vai, nele, fazer retorno no real sob a forma de sua convicção de ser do *outro sexo* – outro no imaginário e outro no simbólico, como bem mostram os casos A e B, relatados no capítulo III. Veremos no capítulo seguinte qual é a natureza desse *outro sexo* reivindicado pelo transexual.

Todavia, se o reconhecimento fálico se revela indispensável à gênese da identidade sexual, ele não basta para definir a posição que um sujeito – cuja identidade sexual está assim assegurada – adotará na colocação social

---

[10] Ver a observação nº 129, excepcional, de Krafft-Ebing e Moll, tradução de F. Bernard e H. Frignet em "*Sur l'identité sexuelle, à propos du transsexualisme*", Tomo I, op. cit.

[11] A síndrome de Frégoli, psicose que se caracteriza pela incapacidade do sujeito de diferenciar os outros, nos quais ele reconhece sempre a mesma pessoa, é uma notável ilustração do parentesco entre a impossibilidade de uma instauração identitária e a problemática – limitada ao sexual – dos transexuais. Ver Stéphane Thibierge, *L'Image et le double, la fonction spéculaire en pathologie* (Érès, 1999), obra que mostra de modo preciso a dialética da instauração da identidade e sua falência nas psicoses; ver também, do mesmo autor, "Significação da aparência e estatuto da imagem do corpo na problemática transexualista, a partir de uma observação clínica", em *Sur l'identité sexuelle: à propos du transsexualisme*, op. cit., tomo II. Notemos que uma especularidade sem terceiro termo também aparece nas relações mantidas pelo transexualismo com o social.

em jogo de seu sexo, no que não é mais, por conseguinte, sua identidade sexual, mas sua escolha sexuada: o que Lacan chamou sua *sexuação*.

Diferentemente da identidade sexual, adquirida ou forcluída de certo modo passivamente, a sexuação interessa o desejo do sujeito e vai dar conta da maneira como ele inscreve seu gozo como masculino ou, ao contrário, como feminino. Para dizê-lo rapidamente, masculino, ele será sustentado por uma relação com o Falo tendo a ver com a ordem do *ter*; feminino, ele o será por um vínculo com este mesmo Falo tendo a ver com a ordem do *ser*. Toda relação com nossos semelhantes, em particular com aqueles do outro sexo, vai, portanto, se articular da seguinte maneira:

– para o sujeito, homem ou mulher, que fez a escolha de um gozo masculino, ela se estabelecerá em sua relação com o objeto, aquele que se tornará causa de seu desejo – que uma mulher poderá representar, ocorrência mais freqüente, mas também com qualquer objeto que poderia vir a representar para ele o Falo – a título do ser;

– quanto ao sujeito que fez a escolha de um gozo feminino, ele será tributário da relação que ele estabelece com o Falo apresentado por aquele que o tem, isto é, aquele que inscreveu seu próprio gozo do lado masculino.

É no nível de uma confusão entre o objeto e o Falo que se situará a recusa do transexualista, recusa que lhe proíbe o exercício de um gozo determinado e o conduz a ir buscar no andar anterior, o da identidade sexual, a solução para seus males. É o que mostram os casos C e D, relatados no capítulo III. Tendo rebaixado a sexuação ao nível da identidade sexual, o transexualismo também recusa esta no vínculo com seu desejo como tal e justifica essa recusa pela ausência de reconhecimento social, alegando, comodamente, a pouca complacência manifestada pela sociedade na aceitação das conseqüências da existência do significante singular que é o Falo. Ele, portanto, responsabiliza – inconscientemente – o corpo social por sua própria posição de rejeição desse significante e lhe pede então, com toda a sua boa vontade mas em vão, para reparar as conseqüências disso por sua própria conta[12].

---

[12] É o que explica que os transexualistas recusem ferozmente ser considerados e se aceitarem como homossexuais ou como travestis, recusa que em nada está ligada à atitude do corpo social em relação a esses comportamentos, mas que resulta da estrutura dos transexualistas.

Entende-se facilmente como a evolução progressiva da posição do corpo social em relação ao Falo simbólico, que expusemos na introdução e no capítulo 1, é determinante na gênese do fenômeno transexual. Quando entram em relação estes dois termos que são a identidade sexual e a sexuação, é possível apreender melhor as "coordenadas" sexuais de um sujeito e até dar-lhes uma definição. Compreende-se em que essas coordenadas não são regradas pelas condutas do sujeito: um homossexual, de um ou outro sexo, pode escolher um modo de gozo feminino tanto quanto masculino, e seja qual for seu sexo real e seja qual for o(a) parceiro(a). Elas tampouco são regidas pela imagem corporal, mas de fato pela articulação que, para cada um de nós, a linguagem realiza com o corpo – não o corpo próprio do sujeito, mas o corpo do Outro[13], aquele que conjuga à sua anatomia a subjetividade do parceiro, articulação cujo ordenador é o Falo simbólico[14].

Medimos toda a contribuição de Lacan numa problemática que permanecera confusa em Freud, como permaneceu nos autores contemporâneos evocados no capítulo 4, que tentarão resolver a aporia do sexo programando seu apagamento em proveito do gênero. Privado da ferramenta do simbólico que a lingüística devia fornecer a partir de Ferdinand de Saussure, Freud só podia ficar na impossibilidade de diferenciar o órgão – aquele de que o homem é portador ao passo que falta na mulher – do significante, necessário a cada um deles. O drama do transexual – seu "erro", dizia Lacan – é confundir o órgão com o significante, em outras palavras, confundir o pênis real com o Falo simbólico.

Se o inventor da psicanálise pôde dar a importância que se sabe à teoria da sexualidade, sofrendo, em retorno, as críticas daqueles que o acusavam de pansexualismo, é que, no que lhe diziam as histéricas, ele ouvia em que os sintomas delas respondiam a uma questão recalcada no incons-

---

[13] *Outro* com um O maiúsculo, pois a alteridade que está aqui em questão é aquela que ordena a subjetividade, a alteridade do simbólico e do significante, e não a alteridade egóica da pessoa.

[14] Esta solicita nossa lógica quanto às conjunturas estruturais possíveis na homossexualidade: onde está o feminino, onde está o masculino? É um ponto no qual parara Ferenczi, que o comunicou a Freud. Lacan e depois Melman também o evocaram a respeito da histeria.

ciente: o que é *ser* uma mulher? Questão que logo não deixava de fazer ressoar uma outra: o que *tem* um homem?

Lacan, graças à contribuição da lingüística e à sua própria utilização do significante, esclarecerá essas interrogações freudianas de um jeito novo: o sentido supostamente sexual – de que alguns dizem (numa aceitação redutora da noção de cena primitiva) que seria apenas a tela na qual a psicanálise projeta toda relação entre um homem e uma mulher – não reflete o real do sexual. Ele se substitui à sua ausência no que é, com efeito, uma relação[15] impossível: o sentido, definido por Lacan como conjugação entre o imaginário e o simbólico, em nada é sexual por si mesmo, mas vem suplementar a falha de uma relação lógica que seja atribuível entre os sexos.

Pois a psicanálise demonstrou que a relação que se estabelece entre dois seres falantes, mais especialmente entre um homem e uma mulher, só pode se sustentar pela intervenção do elemento terceiro que é o Falo. Ora, como já vimos – mas não é inútil repeti-lo aqui –, este está longe de se confundir com o órgão fisiológico epônimo, de que é provida a metade masculina da humanidade e de que ela pareceria ter sozinha o uso. Longe dessa definição, que conjugaria somente o órgão com a imagem da potência que ele representa numa aceitação trivial do termo símbolo, o Falo é para a psicanálise um significante, isto é, ele pertence aos elementos fundadores da ordem da linguagem. Significante entretanto muito singular, cujo acesso, no registro do simbólico, se revela indispensável tanto à mulher quanto ao homem, para que possam ser determinadas não só a identidade sexual, mas também a escolha sexuada dos dois.

Pertença o sujeito a um sexo ou ao outro, é pelo vínculo que estabelece com esse significante privilegiado que ele vai assumir seu lugar na ordem sexual e que vai ser determinada a relação que ele manterá com seu ou sua parceira: "Um casal será sempre um *ménage à trois*".

Se o sentido se refere, então, ao sexual, é por ele suprir o incomensurável que existe entre o homem e a mulher: nenhuma medida comum en-

---

[15] *Relação* deve ser entendida como referente a uma relação lógica entre dois elementos. Se Lacan utiliza esse significante, que evoca imediatamente o sexual, é para fazê-lo "ressoar", evitando petrificá-lo – precisamente num sentido sexual –, mas deixando ao mesmo tempo pairar a filigrana de seu apego ao corpo, ao sexo, ao real.

tre eles. Nem complementares, nem suplementares, eles só existem um em relação ao outro na relação que têm com esse Falo terceiro tornado indispensável pelo que têm em comum: a sujeição de ambos à linguagem. É o que Lacan condensava neste aforismo com freqüência mal entendido: "Não há relação sexual".

A conseqüência do que acaba de ser exposto é a colocação em jogo do real que a psicanálise define, vimos, como uma impossibilidade: impossível não ser ou um homem ou uma mulher. Dessa primeira impossibilidade decorre uma segunda: sejam quais forem a transformação exterior trazida e o voto pessoal do sujeito, é impossível modificar esse pertencimento. Só a aparência será mudada, o sujeito permanecendo, quer queira quer não, para ele mesmo e para os outros, ou homem ou mulher.

7

Clínica estrutural do transexualismo: transexuais e transexualistas

Acabamos de ver como a psicanálise esclarece a diferença entre a identidade sexual e a sexuação e permite reconhecer, por um lado, os *transexuais*, em quem a identidade sexual está forcluída e que são, portanto, de fato "fora de sexo", e, por outro lado, os *transexualistas*, nos quais a identidade sexual está assegurada, mas que permanecem num impasse no que diz respeito à sexuação. Vimos que essa diferença estabelece o nível em que se situa a impossibilidade ou a recusa inicial, que acarretam, em retorno, o aparecimento do transexualismo como sintoma.

Vamos agora expor como a psicanálise permite igualmente apreender a estrutura do sujeito, isto é, apreciar a combinação dos elementos que participam de sua subjetividade, e como ela recoloca o fenômeno transexual numa perspectiva social mostrando quais são, em nossas culturas científicas ocidentais, as forças que a ordenam e asseguram sua expansão. Realçamos, assim, a diferença que deve ser feita entre o transexualismo como sintoma subjetivo e o fenômeno transexual como sintoma social na medida em que, se convergem, as duas noções não se recobrem inteiramente, em particular na América do Norte, ali onde o fenômeno transexual conhece sua maior expansão a ponto de ter se tornado o que daqui por diante chamamos o fenômeno *trans*.

Como evocamos, o transexualismo apresenta particularidades clínicas que lhe conferem lugar singular tanto na clínica quanto na terapêutica e ditam por aí mesmo as condutas daqueles que são levados a por isso se interessar. É indispensável lembrar esses particularismos, pois, longe de serem epifenômenos, participam da definição do transexualismo.

1. A medicina reconhece como sofrendo de transexualismo o indivíduo que "manifesta seu desacordo com o sexo de seu corpo e o papel social assumido pelas pessoas de seu sexo[1]". Tal definição não pode deixar de surpreender, já que deixa ao próprio indivíduo o encargo – para além de sua dor ou de seu delírio – de definir sua patologia e o que a determina. O sujeito é, pois, reconhecido e aceito como fundador de sua própria clínica e os profissionais solicitados tendem a validá-la tal como lhes é proposta por ele.

2. Tendo definido sua patologia, o sujeito vai também decidir os gestos terapêuticos. Estes sempre passam pela satisfação de sua demanda explícita, unívoca na maioria dos casos: modificação da aparência sexual e mudança do estado civil, gestos que são alegados como sendo os únicos suscetíveis de aliviar o sofrimento, e até de curar sua patologia. Essa exigência inaugural novamente deixa embaraçados aqueles a quem o sujeito se dirige: quase sempre, uma terapêutica de que conhecem bem os obstáculos e o caráter irreversivelmente mutilante deve então ser justificada a seus próprios olhos por um apelo ao bem – aquele que se quer a outrem – numa atitude de compaixão. Ora, não é na compaixão, com os efeitos de cegamento que ela engendra, que se pode apreciar com razão um protocolo terapêutico. Sabemos disso graças a Freud: a compaixão faz ressoar em cada um – e aqui ainda mais intensamente, considerando o objeto das demandas cirúrgicas – o que é de primeira importância na vida psíquica, o que a psicanálise reconheceu como complexo de castração[2].

3. A decisão dos tribunais quanto à mudança de sexo é considerada pelos profissionais como parte integrante da terapêutica, a título da demanda que a anima, a de um reconhecimento simbólico e social: o transexualismo é, antes de tudo, uma questão de identidade. Por isso alguns alegam – e, como dissemos, o raciocínio deles não deixa de ser perti-

---

[1] Para retomar os termos mesmos do *Manuel diagnostique et statistique de psychiatrie, DSM IV*, op. cit.

[2] Notemos, nessa oportunidade, o quanto o alcance dessa noção essencial ainda continua subavaliada.

nente – que não seria oportuno praticar intervenção cirúrgica se ela não pudesse ser seguida de uma modificação de estado civil[3].

Essas singularidades fazem do transexualismo uma síndrome à parte na clínica, em que a articulação das posições respectivas do paciente e do médico é inabitual a ponto de acabar invertida. Se é verdade que o transexualismo está ficando banal, em razão do avanço das técnicas médico-cirúrgicas e da fascinação que ele exerce no corpo social pelos meios de comunicação interpostos, em retorno ele exige da medicina, da cirurgia e da justiça uma submissão sem falha às suas exigências, de que ele decide sozinho não apenas as justificações, mas também as conseqüências.

Como se situar numa colocação em jogo estranha, em que os lugares de cada um não parecem mais estar definidos por uma realidade médica experimental, observável e descritível, nem por um quadro jurídico limitado pelos códigos e os princípios fundadores, mas em que a peça é representada entre parceiros que parecem admitir *a priori* o exercício sem limites de uma demanda que só aceita uma resposta em espelho?

Os conceitos da psicanálise permitem situar de modo mais rigoroso e apreciar de modo mais preciso os elementos em presença na clínica e na terapêutica do transexualismo. Para que isso possa se traduzir em algum efeito na realidade dos tratamentos, será preciso, é claro, que os profissionais, envolvidos em primeiro lugar no fenômeno, aceitem, antes de iniciarem qualquer tipo de atendimento, considerar o que fundamenta a demanda do transexualismo e o que ela recobre na realidade.

A complexidade de toda reflexão referente ao transexualismo, as noções difíceis a que deve recorrer obrigam-nos a tomar alguns atalhos quanto ao exposto da teoria psicanalítica do transexualismo. Pedimos ao leitor prevenido para fazer o favor de aceitá-los: eles em nada desnaturam o fundo de nosso propósito, que é de apresentar a estrutura de conjunto do fenômeno.

---

[3] Era a posição do Professor H. P. Klotz, endocrinologista que foi, nos anos sessenta, depois de J. M. Alby e com J. Breton, um dos primeiros a se interessar pela questão na França. Numa argumentação não desprovida de intuição pertinente, mas animada sobretudo por considerações de compaixão, ele percebera bem a questão essencial: a de uma identidade, mais que de uma aparência; em "*Le transsexualisme, problème médical*", *Ornicar*, 22-23, 1981, Seuil.

O transexualismo não se articula clinicamente de um modo linear, mas sobre dois eixos de coordenadas. O primeiro concerne à identidade sexual em sua vertente identitária e sua vertente sexual: é o eixo que chamaremos *real*, ou é essencialmente a impossibilidade de articulação do real pelo sujeito que está em jogo. O segundo concerne ao individual e ao social: ao passo que o transexualismo, enquanto síndrome psiquiátrica, concerne antes de tudo a um indivíduo em sua relação consigo mesmo – daí nosso emprego freqüente do termo sujeito –, o fenômeno transexual, este, interessa a sociedade através do olhar que ela lança sobre ele e as respostas que ela dá às suas demandas. Chamaremos este eixo *egóico*, pois é ele que concerne à posição do transexualismo em seu reconhecimento, não mais identitário no sentido mais restrito do termo, mas social; e sabemos que, nesse reconhecimento social, o peso da imagem, logo, do imaginário, é considerável e tende, daqui por diante, em nossas culturas, a se tornar preponderante.

Como se pode supor, os quatro pólos determinados por esses dois eixos – identitário, sexual, individual, social – não são independentes: cada um se nodula e se articula com os outros. São essas nodulações que vamos tornar sensíveis. Elas permitem apreciar, com razão, a estrutura do transexualismo em geral sem cair nas simplificações redutoras.

1. Como ilustra de modo exemplar o caso Jorgensen e como mostram, sob luz diferente, as entrevistas apresentas no capítulo 3, o transexualismo é, antes de tudo, uma problemática de identidade: o indivíduo diz não se reconhecer tal como é; pretende ser outro que é, e é a esse título que ele reclama uma modificação em seu corpo e uma mudança em sua identidade.

2. Esse não-reconhecimento de si mesmo concerne eletivamente ao sexual: o indivíduo não se reconhece no sexo que é o seu, e é neste sexo que vão ser feitas as modificações que ele deseja. É preciso se interrogar sobre a natureza desse sexo outro reivindicado pelo transexualismo e se perguntar se ela difere conforme a estrutura do sujeito, conforme esse sexual interessar em primeiro lugar o corpo (o aspecto exterior, a aparência), isto é, o imaginário, ou conforme se referir primeiramente ao nome, à maneira como o sujeito é reconhecido pelos outros, isto é, ao simbólico. A clínica revela

que a feminilidade que está aqui em questão não é o que se reconhece habitualmente e sem dificuldade sob esse vocábulo, e sim que se trata de uma "toda feminilidade", de uma feminilidade totalizante e que não tem mais nada a ver com a feminilidade que nos é familiar, aquela que a divisão subjetiva instaurada pela castração simbólica estabelece numa mulher[4].

A conjugação destes dois elementos iniciais – o identitário e o sexual – constitui a primeira especificidade estrutural do transexualismo. A psiquiatria conhece outras afecções – as amnésias de identidade, certas formas de melancolia, os estados confusionais, certos delírios – que põem em jogo a identidade em quadros clínicos de que também participam outros sintomas; mas o distúrbio de identidade aí não se exprime no sexual. Por outro lado, os particularismos comportamentais cujo sintoma interessa eletivamente o sexual – a homossexualidade, o fetichismo, o transvestismo, ao qual o transexualismo estava inicialmente assimilado, e tudo o que tem a ver com as perversões sexuais – nunca põem em questão a identidade: os indivíduos envolvidos não contestam seu pertencimento sexual de homem ou de mulher. No casos dos travestis, é até na ambigüidade que eles apresentam àquele que quer ser seu parceiro e espectador que se estabelece o gozo que lhes é proporcionado por seu sintoma.

É, pois, essa especificidade estrutural, identitária e sexual, que encontramos eletivamente nos sujeitos transexuais. A problemática sexual da identidade está neles colocada em primeiro plano, e não se encontra dialética alguma que venha temperar-lhes as exigências. Encontramos facilmente, nessas pessoas, aquilo que a psiquiatria definiu como "discordância", isto é, a perda de coesão interna dos fenômenos psíquicos. Se o que o transexual pode alegar de sua história, mostrar de seus afetos, precisar de seus desejos não é delirante em si, estamos, no entanto, confrontados com um conjunto no qual não se acha nenhuma intencionalidade precisa escorada por uma linha diretora do desejo do sujeito. O transexual quase sempre aparece

[4] Esta divisão subjetiva e esta castração simbólica são igualmente necessárias para um homem; a masculinidade reivindicada por uma mulher que deseja "mudar de sexo" obedece, pois, às mesmas restrições. O "fora de jogo" do Falo proíbe aos sujeitos transexuais, homens ou mulheres, o acesso à realidade de uma identidade sexual ou sexuada estabelecida. É a razão pela qual nosso colega Marcel Czermak qualifica o transexualismo de "hipocondria fálica".

como o recitante monomaníaco de uma litania que ele decorou, no que pôde reter dos documentos ou testemunhos em que seu imaginário lhe permitiu se reconhecer. E nenhuma distância lhe é possível em relação ao que se impõe a ele como uma evidência de que ele tenta, no entanto – e às vezes com sucesso –, fazer passar o que dela seria a razão a seu interlocutor[5].

Vimos a origem disso: como dizia Lacan, "o drama do transexual é confundir o órgão com o significante". Por não poder resolver esse drama no significante, ele vai tentar eliminar o órgão: versão psicótica de uma evacuação do objeto que não pôde se fazer no início.

Por falta de nodulação do real e do imaginário pelo simbólico que implica a identidade sexual, é impossível para um ser falante vir ocupar uma posição, por menos que seja, arrimada na comunidade de seus semelhantes. Por isso, no que diz respeito à identidade, o transexual não tem outra escolha a não ser entregar-se à fragilidade de identificações não mais simbólicas, mas regradas apenas pelo imaginário e, nele, este será o imaginário do corpo, isto é, o da aparência, com as conseqüências que evocamos[6].

---

[5] A psicose do caso A é tão evidente que parece inútil expor-lhe mais adiante as coordenadas. Percebe-se facilmente que se trata, em primeiro plano, de uma questão de identidade e que o sexual vem apenas em segundo.
Notemos que a intervenção médico-cirúrgica, longe de ter acalmado o sujeito, só faz exacerbar o que agora se organiza como um delírio de perseguição: todos os que recusam reconhecê-lo como mulher agora se tornaram a origem e a razão de todos os seus males.
O caso B merece ser esclarecido, pois essa jovem pôde ser considerada por vários psiquiatras e psicólogos como uma pessoa de estrutura neurótica. No entanto, está claro que a discordância, o caráter delirante da idealização da masculinidade que ela pretende ser sua, o abandono em relação ao Nome-do-Pai, a ausência de inscrição num lugar simbólico que lhe assegurasse um "domicílio", a posição de dejeto que ela adotou em relação aos seus assinalam a estrutura: psicótica. Aí, ainda, trata-se essencialmente de uma questão de identidade.

[6] Notemos no caso B o emprego muito freqüente da primeira pessoa do plural, que o ilustra de modo brilhante: ela não pode falar em seu nome próprio; a identificação a um grupo – aqui ainda fictício, o daqueles ou daquelas que sofrem das mesmas dificuldades – lhe é indispensável tão logo sua subjetividade é colocada em jogo pelo diálogo.
Outro de nossos pacientes, transexual de imediato, que se sentia "hermafrodita", nos perguntava já na primeira entrevista "se podíamos apresentar-lhe pessoas que tivessem o mesmo problema que ele". Acrescentemos que ele achava que os traços de seu rosto tinham mudado a ponto de ele não se reconhecer num espelho.

3. No transexualismo, o problema de identidade sexual diz respeito primeiro ao próprio indivíduo. Certo, é seu sexo que ele recusa, mas é principalmente a modificação de seu próprio corpo que ele pede, modificação cujas conseqüências ele diz estar pronto a suportar. Sua insistência e sua exigência mostram o caráter primordialmente egóico de suas dificuldades.

4. O fenômeno transexual, se se manifesta através de um indivíduo que dele se faz, de certo modo, o arauto, concerne igualmente à sociedade. Pois é bem a resposta do corpo social à demanda dos transexualistas, uma vez que essa resposta participa em si mesma do quadro clínico[7] que entretém o fenômeno: tal como expusemos no capítulo 1, o reconhecimento e a nomeação do transexualismo primeiramente, os gestos hormonocirúrgicos de modificação da aparência sexual em seguida, e, para terminar, a decisão jurídica são disso três aspectos. O lugar doravante dedicado pelos meios de comunicação às pessoas que mudaram de sexo é ainda mais revelador, caso fosse preciso, da participação do social no fenômeno.

A dialética entre o indivíduo e o social faz, portanto, a segunda especificidade do transexualismo. É ela que vamos reencontrar em primeiro plano no transexualismo. Neste, a identidade sexual está assegurada, e qualquer exame feito como convém permite confirmá-lo. Em compensação, ele vai alegar uma insatisfação profunda quanto ao lugar que poderia ocupar por sua sexuação, pois, quanto a ela, nada está resolvido. Ele oscila, pois – como mostram as entrevistas clínicas do capítulo 3 –, entre uma posição masculina e uma posição feminina tão incertas e mal asseguradas uma quanto a outra. E isto até o momento em que o encontro com tal ou tal, trate-se então da transferência para um parceiro apaixonado ou de uma identificação que ele realiza pelo jogo do que propõem os meios de comunicação, virá selar sua demanda no que dali por diante se torna uma reivindicação.

Como o transexual, com quem partilha as soluções embora não partilhe a origem das dificuldades a que elas respondem, o transexualista vai se

[7] Certos grupos disso se fazem missionários em outras culturas: podemos ler o artigo – estonteante – de E. Coleman e L. Gooren: "Male cross-gender behavior em Myanmar (Burma): a description of the accault", *Archives of Sexual Behavior* 21, 3 1992, que descreve como etnólogos em missão na Birmânia ensinam aos *accault*, travestis conforme uma tradição birmanesa, que a Ciência lhes dá agora a possibilidade de obter aquilo com o que jamais tinham sonhado, nem jamais tido o desejo.

entregar então a uma série – encadeada sem fim – de identificações imaginárias, tão frágeis e lábeis umas quanto as outras. Ele as propõe aos profissionais a quem vai pedir ajuda no intuito de convencê-los a efetuar em sua pessoa o que para ele se tornou um ideal de salvação: a transformação física e jurídica de sua aparência.

Está claro – e não há razão para ocultar isso – que essa transformação não impede sistematicamente o sujeito, ainda que seja quase sempre de um modo precário, de conservar um lugar na vida social. Redes existem que o sustentam e o encorajam a fazê-lo[8], ao mesmo tempo que confortam o apoio de suas identificações imaginárias[9]. Resta que estas são apenas um frágil quebra-galho, ao passo que o sujeito, contanto que a isso o incitem, poderia recorrer a outras soluções menos submissas aos imprevistos da fascinação do social no que também assegura seu próprio gozo[10].

---

[8] O vigor das manifestações dos diversos grupos que participam do fenômeno *trans* é quanto a isso eloqüente; além do mais, a difusão pelo viés da Internet facilita o apoio que trazem essas identificações. Coloca-se, entretanto, a questão de saber se o que doravante se chama o "virtual" não é outra coisa senão um afastamento radical da determinação simbólica da identificação subjetiva.

[9] Encontramos aí uma analogia no "tratamento" com as patologias sociais que são a toxicomania, o alcoolismo... Para mais detalhes, ver o capítulo seguinte.

[10] O caso C revela um sujeito estruturado desde a infância num modo perverso, transvestista. As condutas que ele pôde ter com a filha entram no mesmo quadro, ao passo que o alcoolismo revela antes uma tentativa de identificação imaginária. Essa perversão não mostra, no entanto, a solidez estrutural clássica; tendo abandonado o álcool, esse homem é tentado a levar à frente a identificação imaginária feminina até querer transvestir-se em seu corpo próprio assim totalmente falicizado imaginariamente. É um caso de transexualista bem típico. Nele encontramos a aprovação que um psiquiatra, durante um programa de televisão, veio dar ao sujeito quanto à sua demanda. Ao inverso dos casos A e B, não se encontra nele problemática de identidade.

O caso D é o de um homem que está se estruturando – graças à ajuda de um analista – no modo de uma homossexualidade perversa. Se a rejeição da função paterna é maciça, não se trata, entretanto, de uma psicose. Esse rapaz goza de ser o falo imaginário, positivado, confundido com o objeto olhar; prova disso o episódio do enforcamento e a transformação desejada, mesmo às custas da morte real, em falo/objeto *a* destinado a fazer gozar o outro, embora o mortificando.

Trata-se, aí também, de um caso de transexualista, no entanto menos típico. Como no caso C, não há problemática de identidade e a castração simbólica é rejeitada. Do ponto de vista da sexuação, trata-se inicialmente de uma indeterminação que foi durante muito tempo o ponto de gozo exclusivo desse rapaz.

8

Por um tratamento racional do transexualismo

Abordar o tratamento do transexualismo implica levar em conta de imediato a dupla dimensão, individual e social, do fenômeno.

Se a primeira tem evidentemente a ver com a psicanálise e se a teoria psicanalítica e sua práxis permitem fazer disso uma análise pertinente, está claro, por outro lado, que, no plano social, os fatores que induzem o fenômeno e a possibilidade de modificá-lo escapam à nossa disciplina. Da mesma forma que a medicina pode constatar-lhe os efeitos, a psicanálise pode eventualmente falar de suas conseqüências, explorar sua razão subjetiva; mas nem uma nem outra têm o poder de intervir nas determinações do transexualismo. Como para todos os fenômenos sociais, essas determinações podem às vezes ser analisadas *a posteriori*, mas nada permite a um saber ou a uma prática, sejam quais forem, prever-lhe nem orientar-lhe o curso.

Por isso, neste capítulo, vamos permanecer prudentes em nossas proposições e modestos em suas ambições. Num campo onde, como mostramos, a demanda do sujeito é levada ao primeiro plano, e imperativa, concebe-se a que ponto qualquer desvio de um percurso ditado no início pode requerer num sujeito esforços e coragem para deixar a propensão do gozo imediato que ele lhe proporciona. Aí, também, encontramos o paralelo com a toxicomania evocado no capítulo precedente.

Desejamos, no entanto, expor o que nossa análise do transexualismo permite esperar quanto a seu tratamento, nos transexuais como nos transexualistas. Na medida em que ela pode permitir a um sujeito "se virar com seu sintoma" – para retomar uma expressão que matiza o sentido *a priori* terapêutico do termo *tratamento* –, a psicanálise tem algo a dizer. Endereçado àqueles que se alinham sob a bandeira do transexualismo, seu propósito pode também ser entendido pelo profissional, o qual pode nele encontrar, se assim desejar, sua própria razão terapêutica e a medida de seus gestos.

Como indicamos na introdução, as terapêuticas hormonocirúrgicas, em sua aparente neutralidade técnica, e a caução de sua cientificidade são consideradas as únicas eficazes por darem satisfação aos indivíduos envolvidos. As razões desse monolitismo terapêutico são diversas. Devem-se à univocidade da demanda do transexualismo, à personalidade dos pioneiros no reconhecimento e na maneira como cuidaram do fenômeno, bem como ao modelo que eles representam para seus sucessores (não esqueçamos que todos aqueles a quem se endereça a demanda do transexualismo reagem com sua subjetividade própria e, portanto, seu próprio inconsciente, num campo que toca no ponto mais sensível de um indivíduo em sua relação consigo mesmo). Devem-se, enfim, ao proselitismo que o reconhecimento do transexualismo favoreceu e que, em retorno, contribuiu para reforçar a univocidade de suas exigências[1].

Contamos de que maneira todos os tratamentos psiquiátricos, psicoterápicos ou psicanalíticos foram recusados não só pelos requerentes, mas também pela maioria dos profissionais, solicitados a intervir antes por um ato que pela fala[2]. Fica claro que o objetivo deles – e o teor dos proto-

---

1 Além das brochuras, obras e vídeos propostos, a consulta na Internet é mais reveladora ainda do ativismo de todos os tipos daqueles que ajudam o próximo a encontrar a "verdade" de seu sexo. Ela mostra a ferocidade do Supereu tal como podemos vê-lo em ação no fenômeno transexual, sobretudo nas exigências que ele impõe aos transexualistas.

2 Uma evolução recente (2000) merece, no entanto, ser mencionada. Cada vez mais autores europeus vêm se interrogando sobre casos que eles consideram "remissões espontâneas" – Marks, Mataix-Cols, Green, Watson, Soutzos – ou curas por tratamento quimioterápico – Puri, Singh – que nos parecem evidentemente mostrar a capacidade do sujeito de abandonar suas exigências, quer se trate de transexualistas ou de transexuais. Neste último caso, a evolução clínica mostra uma mudança estrutural na qual a necessidade da metáfora delirante transexual desaparece em proveito de uma montagem diferente.
Por outro lado, a publicação, por psicanalistas, de casos clínicos que permitem observar o desaparecimento do sintoma no decurso da cura não é, de agora em diante, raro.

colos de avaliação está aí para provar isso – não foi temperar um sintoma, aliviar ou acalmar um sofrimento psíquico, mas chegar a um fim que passa pela rigorosa colocação em ato da vontade do requerente, ao mesmo tempo que justifica proezas técnicas doravante possíveis em matéria de modificação da aparência corporal.

Essa atitude, que exclui, de fato – no paciente como no profissional –, qualquer interrogação sobre a articulação da demanda e a posição subjetiva do requerente, anula radicalmente a subjetividade daquele a quem ela é endereçada. O médico ou o cirurgião, aí respondendo por um ato, por certo proporciona imediatamente ao paciente o objeto supostamente capaz de satisfazê-lo, mas aceita por aí mesmo ser reduzido ao mero papel de instrumento daquele que o solicitou.

Notamos que é difícil para o profissional ter uma percepção clara do que está em jogo nessa estranha relação terapêutica. Muitas circunstâncias concorrem para isso, em particular o caráter de exigência das demandas e a capacidade manipuladora de numerosos requerentes. Em tal encenação, a analogia – não social, mas individual – com a situação induzida pelo toxicômano é de novo impressionante: ela mostra em ação uma montagem perversa[3].

Devemos propor outro tipo de resposta às demandas do transexualismo, que examine o que elas têm por trás, em outras palavras, o que revela a estrutura do sujeito que as formula. Como precisamos no capítulo 4, nos Estados Unidos e, num grau menor, em todos os países anglo-saxões, o transexualismo está incluído num *continuum trans* que engloba todos os particularismos sexuais – homossexualidade, fetichismo, transvestismo, etc – e só os diferencia de modo quantitativo; depois, nos capítulos 6 e 7, mostramos a descontinuidade estrutural que separa transexuais e transexualistas. O reconhecimento dessa diferença condicionará um tratamento que não pode ser idêntico para uns e para outros, a partir do

[3] Para a psicanálise, a expressão *montagem perversa* designa um tipo de relação entre dois indivíduos tal que a subjetividade de um é anulada pelo outro: o primeiro é reduzido a ser apenas, para seu parceiro, um objeto que ele vai utilizar para a colocação em ato que ele exige dele.

momento em que sua orientação não está dirigida para gestos hormonocirúrgicos.

Nos sujeitos transexuais cuja estrutura é a de uma psicose, esse tratamento não pode muito se afastar daquele de psicoses nas quais – a exemplo do transexualismo – as manifestações sintomáticas não infligiram ao sujeito descompensações que invadissem integralmente o campo de sua realidade; estamos falando aqui das patologias diversamente qualificadas pela psiquiatria de psicoses brancas, psicoses sem delírio, psicoses pseudoneuróticas, etc e que, na maioria, estavam alinhadas, no século XIX, na categoria das monomanias. Como se constata na síndrome transexual, essas formas de psicoses quase sempre permitem ao indivíduo conservar suas ligações com o mundo e a vida social em seus diferentes aspectos.

Psiquiatras e psicanalistas conhecem bem esse tipo de pacientes, entre os quais também se encontram paranóicos de modo sensitivo, maníaco-depressivos fora de períodos críticos. Ao contrário do que se ouve às vezes dizer, esses sujeitos estão todos eminentemente aptos à transferência, e o lugar que neles será ocupado pela relação com aquele que trata deles é fundamental na manutenção de um certo equilíbrio, ainda que nada tenha, por isso, mudado quanto ao fundo da base estrutural deles. Se essa constatação vale para a maioria, ela, no entanto, impõe a prudência na instauração da transferência[4] e a apreciação prévia dos limites impostos pelo que foi proposto, até mesmo empreendido anteriormente. A capacidade do sujeito de suportar uma relação psicoterápica disso depende amplamente: da mesma forma que o do Senhor A.[5], alguns dos casos clínicos relatados pela literatura mostram que gestos hormonocirúrgicos – que em nada modificaram a problemática de fundo do sujeito – tiveram por resultado selar num modo fixo e petrificado suas manifestações sintomáticas, mas também suas possibilidades evolutivas. Em compensação, e na medida

[4] A dificuldade reside, entre outras coisas, na excessiva apetência à transferência, que impõe ao analista uma grande prudência, o limite da curva persecutória estando sempre próximo; ver, a este respeito, o artigo de M. Czermak: "Les psychotiques résistent mal au transfert", em "*Patronymies*", 1998, Masson.

[5] Ver capítulo 3.

em que nenhuma promessa ou revelação ainda foi feita ao paciente quanto aos benefícios a serem esperados de uma mudança de sua aparência física, nossa experiência pessoal bem como a de autores de que mencionamos os trabalhos mostram o valor de um tratamento outro que a modificação definitiva e irreversível da aparência.

A psicoterapia, acompanhada ou não de uma ajuda quimioterápica, deve ser inventada em cada caso. A adesão que o sujeito lhe reserva da mesma forma que seus efeitos medir-se-ão não na aquisição por este de uma identidade sexual para ele definitivamente forcluída[6], mas no amortecimento dos efeitos imaginários de sua ausência; o sujeito pode então conservar seu lugar no jogo social, de acordo com o real de seu sexo e com sua aparência atual.

No tocante aos transexualistas, as dificuldades são aumentadas, já que um tratamento psicoterapêutico só pode ser considerado num sujeito disposto a abandonar o gozo[7] imediato que lhe é proporcionado por seu sintoma e, logo, também o da resposta social que o acompanha[8]: interesse dos meios de comunicação, complacência[9] do corpo médico, até mesmo dos tribunais[10]. Concebe-se a dificuldade de tal sacrifício[11] que ultrapassa

---

[6] Como vimos nos capítulos 6 e 7, a impossibilidade da instauração da identidade sexual encontra sua origem na forclusão, isto é, na impossibilidade estrutural, para o sujeito, do acesso ao significante Falo. Essa forclusão se opõe ao que é uma rejeição ou uma denegação que, esta, no início, implica uma possibilidade de acesso e um reconhecimento desse significante; essa denegação está em ação nos transexualistas.

[7] O proselitismo de que dão prova esses sujeitos, como mostra, entre outras, a abundância das biografias que eles podem escrever, participa desse gozo. Ver também nota 1, p. 103.

[8] A ponto, lembremos, de fazer parte do próprio sintoma.

[9] Este termo não deve ser entendido em seu sentido trivial, mas no sentido da oferta – inconsciente – proposta pelos diversos atores da cena transexualista à demanda dos sujeitos; essa demanda, como mostramos mais acima, os anula subjetivamente, o que aumenta as dificuldades em que eles se encontram para a isso responder, caso se interroguem sobre o que os motiva.

[10] Ver capítulo 5.

[11] Que crédito pode dar um transexualista à exigência de uma tentativa de tratamento psicoterápico imposta pelo profissional para poder dar, se esse tratamento fracassar, sua aprovação a uma intervenção hormonal e cirúrgica exigida de imediato pelo sujeito? As cartas estão marcadas, e a resposta do sujeito vai, é claro, no sentido do desejo inconsciente de seu interlocutor: "Para a psicoterapia, você pode ir esperando!".

aquele que representa a perda irreversível dos órgãos cuja ablação[12] ele pede. Notemos de novo a analogia com a posição dos toxicômanos, em quem o risco desse sacrifício não é outro senão o do corpo inteiro, na morte.

Já insistimos nas perspectivas satisfatórias do tratamento psicoterápico nos transexualistas. Estas permanecem, no entanto, regularmente negadas, conscientemente ou não, e não apenas pelos intervenientes sanitários solicitados em primeira linha, mas também pelo corpo social em seu conjunto[13].

A posição do psicanalista confrontado com o tratamento do transexualismo é ditada pela ética de sua disciplina. Cabe a ele ouvir uma demanda para além de seu objeto imediato e responder a ela sem preocupação de "cura", sem empatia nem antipatia pelo sintoma ou por aquele que dele é portador, mas guardando na mente que a manutenção de uma posição rigorosa e desprovida de compaixão também é suscetível de aliviar o paciente, inclusive de seu sofrimento.

---

[12] J. Money constatou uma perversão singular em alguns que chegam até a sacrificar um de seus membros para assegurar o gozo de seus parceiros com a ajuda do coto. "Proceedings of the 9th congress of the Harry Benjamin International gender dysphoria Association", 1985, HBIGDA.
Alguns desses sujeitos, qualificados de dismorfofóbicos, foram recentemente amputados de uma perna, a pedido, por um cirurgião escocês, depois de terem sido reconhecidos por dois psiquiatras como perfeitamente normais... Estes encontraram, no entanto, uma justificação terapêutica: a exemplo dos transexualistas, esses pacientes diziam não reconhecer mais como pertencendo a seu corpo próprio o membro cuja amputação pediam. Esta síndrome é agora chamada "apotemnophilia" e parece ter um crescimento análogo ao do transexualismo nos anos sessenta.
Isto nos mostra bem que a estrutura não pode ser apreciada por uma medida quantitativa – a da importância do sacrifício consentido, identificada pelo horror suscitado por tal prática –, devendo sempre ser referida à subjetividade daquele ao olhar de quem o gesto é endereçado, isto é, *in fine*, ao discurso do sujeito.
O fato de se tratar de uma prática perversa em nada permite deduzir a estrutura dos sujeitos: um de nossos pacientes, louco mas não reconhecido como tal na época, pedira a um companheiro do serviço militar que lhe quebrasse o braço com seu sabre; o companheiro obedeceu sem pestanejar.

[13] Assim, na Holanda, país que se situa na vanguarda em matéria de reconhecimento e de terapêutica do transexualismo, o sistema de proteção social assume integralmente as despesas médico-cirúrgicas, mas recusa o reembolso de um tratamento psicoterápico, exceto para os beneficiários da ajuda social. Ver também a nota 2, p. 124.

Se o que expusemos nesta obra sobre as determinações do transexualismo – tanto nos transexuais quanto nos transexualistas – é seguro, se se trata bem, para uns e para outros, e segundo modalidades diferentes, de uma dificuldade na nodulação do real do sexo ao imaginário do corpo pelo viés do simbólico da fala, então é seguramente pela fala que convém tratar o transexualismo. Propor ao sujeito pôr em jogo sua fala em vez de ficar nos meros benefícios imediatos do gozo experimentado através de seu sintoma[14], lembremos que é este o objetivo que Freud atribuía à psicanálise: "Transformar uma miséria histérica numa infelicidade banal[15]". Ainda será preciso, o que complica singularmente a tarefa, que o corpo social esteja disposto a renunciar ao gozo que ele também encontra nisso.

---

[14] Até mesmo de aumentá-lo ao oferecer o corpo a gestos cirúrgicos cuja ligação masoquista não pode escapar a ninguém, seja qual for a estrutura que ordene tal atitude.

[15] *Études sur l'hystérie*, tradução francesa 1956, Paris, PUF, p. 247.

Conclusão

É enquanto fenômeno médico-social permanecido inédito até hoje na história humana que abordamos o transexualismo. Como explicamos na introdução desta obra, fora do aspecto histórico do fenômeno e dos particularismos que implicavam ir ver como acontece alhures – no essencial, na América do Norte –, ativemo-nos ao transexualismo tal como ele se manifesta na França e nos países europeus, onde sua apreensão permanece fundamentalmente médica e onde as manifestações do fenômeno *trans* permanecem muito limitadas.

Vimos como o advento do transexualismo no século XX, decalcando em suas manifestações um modelo que a síndrome transexual das psicoses – ainda que não fosse nomeada assim nem reconhecida como tal – sempre apresentou, só fez, em certos sujeitos, *cristalizar* numa reivindicação jurídica e social medicalizada um mal-ser na identidade sexual e na sexuação, mal-ser que sempre existiu, sejam quais forem as épocas e, sem dúvida, as culturas. Essa cristalização foi servida pelo aparecimento de técnicas que permitiam modificações do corpo até então impossíveis. Graças a essas possibilidades novas, o fenômeno transexual se tornou o reflexo da recusa crescente da diferença dos sexos pelo mundo moderno; ele se viu confortado pela "benevolência[1]" com a qual o transexualismo foi acolhido por nossas sociedades. Enquanto que outras culturas tinham conseguido responder às questões que o sexo coloca a certos indivíduos e que ele também

[1] Benevolência temperada, é verdade, pelo fio do bisturi.

coloca ao corpo social pela aceitação de particularismos nos papéis sociais menos radicais em suas conseqüências[2], a nossa decidiu responder a elas pelo braço armado da ciência.

A expansão do transexualismo também é, pois, a seqüência lógica de decisões – submetidas a determinações amplamente inconscientes – tomadas por médicos prontos a porem em ação suas técnicas sem darem a atenção suficiente às energias escondidas das demandas que lhes são endereçadas e sem serem sensíveis o bastante ao que pode também motivar neles mesmos[3] a prática de gestos irreversíveis, cujas justificações têm finalmente pouco peso e cujos efeitos terapêuticos continuam pouco claros e aleatórios. Atualmente, entre os endocrinologistas, alguns vão até militar por tratamentos hormonais e intervenções cirúrgicas cada vez mais precoces, em adolescentes[4].

Diante de tal situação, se interrogarmos todos os que o transexualismo solicita na própria relação deles com o Falo – o que não deixa de questionar também a relação deles com a castração nas diversidades que essa relação pode apresentar, e até, indo ainda mais longe, o que funda a identidade deles –, talvez reconheçam que se submetem ao que, nesse fenômeno, cativa o olhar. Pois como explicar de outra maneira as posições tomadas, a título do respeito da vida privada, pela Corte Européia dos Direitos Humanos, da mesma forma que o retorno de nosso Supremo Tribunal, no final de 1992, sobre o princípio da indisponibilidade do estado? Tais decisões procedem – pelas razões estruturais que mostramos, e apesar da honestidade e da qualidade daqueles que as pronunciaram – dessa fascinação exercida pelo transexualismo ao produzir na cena um sujeito, arauto, à sua revelia, de uma liberdade sem limites para com o que faz nossa enfermidade, nossa

---

[2] Reportar-se ao capítulo 4, onde essas respostas, que sempre estão mais ou menos ligadas a uma crença religiosa, estão expostas. Lembremos, nessa ocasião, que Freud pôde mostrar como as religiões se criaram como modo de resolução das dificuldades existenciais próprias ao ser falante em razão da existência das pulsões sexuais. Ver *L'Avenir d'une illusion*, Paris, PUF, 1971.

[3] Podemos ler o artigo do cirurgião Wladimir Mitz, "Pourquoi j'ai commencé, pourquoi j'ai arrêté d'opérer", *Journal français de psychiatrie*, op. cit., nº 5.

[4] P.T. Cohen-Kettenis, S.H.M van Goozen: "Sex reassignment of adolescent transsexuals: a follow-up study", Am. acad. child. adolesc. psychiatry, 36, 2 1997.

relação com a linguagem, na sujeição que ela comporta ao real, inclusive sexual: "Eu – homem ou mulher – falo, a partir de meu próprio sexo, de um sexo que não conheço". Dessa relação, o transexualismo nos diz ter-se libertado: o transexual pretende poder falar – na verdade – de sexo, a partir da base de certeza que lhe daria o conhecimento do seu. Mostramos em que tal posição é ou loucura – nos transexuais – ou engano – nos transexualistas.

A expansão do transexualismo, aproximado, enquanto fenômeno social, da toxicomania, é reveladora desse "mal-estar na civilização", anunciado por Freud, em 1929, e que Lacan, por sua vez, estigmatizou ao anunciar, dez anos mais tarde, o declínio da *imago* paterna. O que recobre essa expressão, e a referência que dela encontramos ao longo da obra lacaniana, não deve ser entendido como o lamento nostálgico do desaparecimento de um poder paterno quase sem limites, tal como o encarnava o *pater familias* das culturas greco-romanas e tal como ainda existe nos dias de hoje em outras sociedades. Isso deve, antes, ser percebido como a perda de eficiência, em nossa sociedade ocidental, e agora mundialmente por causa da difusão maciça da cultura dominante, daquilo que assegura a especificidade de um sujeito: tendemos a nos tornar "iguais", usando as mesmas bugigangas, assistindo aos mesmos canais de televisão, comendo as mesmas comidas e bebendo as mesmas bebidas, vestindo os mesmos *jeans*... Essa uniformização das condutas é acompanhada de um declínio da subjetividade que transparece em numerosos setores de nossa vida social como na orientação de nossos destinos individuais. Podemos nos perguntar se o crescimento do fenômeno *trans* nos Estados Unidos não é uma reação contra essa uniformização imposta pelo modelo dominante, a originalidade subjetiva sendo então buscada por aqueles que a reivindicam e nela militam na recusa radical da bipartição sexual comumente aceita[5].

---

[5] Deve-se notar que os militantes *trans* recusam qualquer dominação médico-cirúrgica sobre o que eles apresentam como sua originalidade. Recusam, em particular, todos os quadros estabelecidos para as terapêuticas do transexualismo, às quais muitos deles, aliás, se opuseram. Trata-se, aí, de uma posição cuja lógica merece consideração. Pode-se ler, a esse respeito, Susan Stryker, *G.L.Q, a Journal of Lesbian and Gay Studies: The transgender issue*, 4, 3, Duke University Press, 1998.

Nosso desejo foi mostrar em que a manifestação dessa recusa da bipartição sexual nas sociedades modernas, traduza ela a aspiração ao *unisex* generalizado ou a esperança quimérica de um terceiro sexo, resta, no entanto, para o corpo social em geral, uma das expressões específicas do declínio da subjetividade. Novas possibilidades de modificar o real, as manipulações genéticas, as técnicas de procriação, até mesmo, daqui a pouco, a clonagem humana são outras expressões desse mal-estar, que tocam o sujeito em seu próprio corpo e, da mesma forma, o corpo social.

Diante de tais questionamentos, qual pode ser a contribuição da psicanálise, essa disciplina que Lacan apresentava como o "pulmão artificial[6]" que nos impede de ser sufocados pelo discurso da Ciência?

Abordar o transexualismo coloca de imediato, ao psicanalista, a seguinte interrogação: "É pertinente para mim dar meu ponto de vista, já que esse fenômeno se situa para além da clínica individual e aparece doravante como fundamentalmente social? Aliás, a sociedade me pediu alguma opinião? Ao contrário da toxicomania, o fenômeno transexual não parece lhe colocar muitas questões".

O psicanalista não arrisca, portanto, sair do campo que deve continuar sendo o seu, isto é, o de uma práxis articulada numa teoria que a explica e a legitima, práxis que não visa em si modificar as condutas de um indivíduo, mas fazer com que ele entenda um pouco mais do objeto que o conduz, "*Wo Es war soll Ich werden*[7]", com que ele decida a seqüência a ser dada à sua história? Não estará arriscando se tornar aquele que prescreve normas de uma posição, não mais analítica, mas moral, até mesmo moralizadora?

Responderemos que, se há um campo no qual a psicanálise está fundada para dizer o que descobriu, este campo é bem o sexual. A opacidade do sexo – sua vertente de real – é aquilo graças ao que, com a ajuda das histéricas e pelo gênio de Freud, ela pôde surgir. Ela nos ensinou que a

---

[6] Entrevista à France–Culture, por ocasião do XXVIII° Congresso da International Psychoanalytic Association, Paris, julho de 1973; transcrição: *Bulletin de l'Association freudienne internationale*, n° 43, junho de 1991, p. 4.

[7] Célebre aforismo de Freud, que Lacan traduz por: "Ali onde isso era, devo [enquanto sujeito] advir".

sexuação põe em jogo o desejo, pela operação de uma instância simbólica nomeada Falo, que – mais além da fascinação da imagem – liga à fala a relação de um ser falante com seus semelhantes e com o outro sexo.

É igualmente interrogando o sexual que Lacan, dessa vez graças às psicoses, permitiu à disciplina fazer outra descoberta fundamental: o fato de a identidade sexual propriamente dita remeter o ser falante ao real; esse real – o do sexual – permaneceria totalmente enigmático caso a linguagem nele não encontrasse apoio, aí ainda graças ao Falo, para nos permitir assumir a divisão dos seres falantes em dois grupos, distintos por suas anatomias, mas disjuntos também pela lógica – a da dita linguagem – que, no entanto, os aproxima[8].

Não há dúvida de que a síndrome transexual sempre existiu, mas foi só em seu trilhamento sintomático que apareceu o transexualismo contemporâneo e que o fenômeno transexualista encontrou sua expansão. A demanda daqueles que o reivindicam mostra o impasse ao qual está fadado o real sexual da identidade quando é desarrimado das instâncias que o amarram, as da fala e da linguagem, fundadoras da identidade sexual e fiadoras da escolha sexuada. Mostramos como esse real faz retorno no transexualista por intermédio do endocrinologista, do cirurgião e, doravante, do juiz. Ele vai ficar aliviado, nos dizem, mas a que preço!

É bem o papel do psicanalista dizer, neste campo, o que sua disciplina lhe ensina, enunciando as conseqüências lógicas – individuais e sociais – sobre a redução de um fenômeno muito atual à mera aplicação de práticas que ignoram sua razão. Não se trata, para ele, de condenar *a priori* essas práticas, mas cabe a ele – ainda que não esteja seguro de ser ouvido – dizer os impasses a que levará todo tratamento do transexualismo que, apenas preocupado com gestos técnicos, não teria sido precedido de uma reflexão e de uma escolha que levassem em conta o real do sexo. O sexual, conseqüência do aparecimento no vivo da reprodução sexuada[9] indispensável ao nascimento da humanidade, se for portador da vida, é também contempo-

[8] Lembremos que o sexo não existiria se não houvesse a linguagem... para nomeá-lo. Basta retomar a fórmula de Lacan tomada a Dante – "*Nomina sunt consequenciæ rerum*" – que ele inverte assim: "A palavra faz a coisa".

[9] Ver nota 4, capítulo 6.

râneo da noção de morte[10]. Ele está nodulado ao corpo por essa particularidade que faz do homem um ser único entre os vivos: único porque dotado de linguagem, e mesmo criado por ela, único por ser também o único vivo que se sabe mortal.

A escolha do sexo é, todos nós sabemos, da ordem do sonho. E, no entanto, o transexualismo, ao se apoiar em possibilidades de modificar o ser humano nunca atingidas até então, vem, sob nossos olhos, fazer espelhar sua realização. Tal fenômeno só pode suscitar angústia. Entende-se, então, a importância vital de se situar os limites impostos pelo real sexual ao indivíduo em sua subjetividade e ao corpo social em sua ação: nem tudo é possível. Como bem mostra a psicose, a ausência de limites nunca deixa de ter conseqüências individuais, as que a estrutura impõe. A ignorância ou a denegação desses limites, de que as reivindicações do transexualismo são paradigmáticas, traduzem-se em sua transgressão por tratamentos que favorecem e mantêm, por sua vez, essa ignorância e essa denegação.

Disso podemos entender as conseqüências, sociais desta vez, na expansão e na mundialização de um fenômeno que assinala – no modo constatado nas psicoses – o retorno no real da recusa moderna da diferença dos sexos.

Só uma ética da diferença[11] pode manter este corte essencial que é a bipartição sexual, originalmente não só do humano, mas da evolução do vivo.

---

[10] Parece-nos que a recusa moderna do sexo tira também sua origem do medo de nossas sociedades diante da morte. O aparecimento da morte no mundo do vivo é, com efeito, o corolário da reprodução sexuada quando ela veio nas bactérias substituir-se à cissiparidade, que não fazia senão reproduzir o mesmo. A reprodução sexuada exige a participação dos dois elementos diferentes mais geralmente distintos que são o macho e a fêmea.
Não podemos desenvolver aqui o que esclarece a recusa da morte. Disso encontramos os fundamentos no que Freud isola a partir de 1915 como sendo "Além do princípio de prazer": trata-se da expressão, na repetição, da pulsão de morte, no entanto indissoluvelmente tecida na pulsão de vida.

[11] Contrariamente à ideologia que sustenta o fenômeno *trans*, que recusa o real para preconizar a colocação em jogo de um desejo cujos limites não entendemos bem, tal ética só pode se apoiar, de início, nesse real do sexual.

Notas bibliográficas

Harry Benjamin

Endocrinologista americano nascido em Berlim, em 1885, emigrado para os Estados Unidos aos 17 anos, morto em 1986, com mais de 101 anos de idade. Na órbita dos trabalhos de Edouard Brown-Séquard e de Henry Starling, ele divide com Eugen Steinach, no início do século, as descobertas da endocrinologia, disciplina médica então ainda balbuciante. Se Steinach pesquisava sobretudo as potencialidades dos hormônios para aumentar a longevidade da vida, Benjamin, este, desde os anos 1930, começa a se interessar pelo transvestismo, pela homossexualidade, pelo que ia se tornar o transexualismo e por seu tratamento. Ele retoma o termo transexualismo de Cauldwell (*Psychopathia transsexualis*, 1949) e de Hirschfeld (*Jahrbuch für sexuelle Zwischenstufen*, 1899-1923; *Zeitschrift für Sexualwissenschaft*, 1908-1930). Na mesma época, ele abre, além de sua implantação nova-iorquina, um consultório em São Francisco, no lugar mesmo em que começavam a se manifestar as reivindicações dos travestis e dos homossexuais.

Com a participação ativa e a ajuda financeira de uma milionária do sul dos Estados Unidos, Reed Erickson, ela mesma transexual transformada em homem, ele trabalha desde o início dos anos 60 pela abertura das primeiras Gender Identity Clinics no hospital Johns Hopkins de Baltimore, em 1966, depois em Stanford e em outras grandes universidades americanas.

A personalidade singular de Benjamin, suas posições morais pouco comuns – ele preconizava, por exemplo, a eutanásia e considerava muito favoravelmente a prostituição dos transexuais – não foram estranhas à expansão do transexualismo. É ainda objeto, entre alunos e fiéis, de verdadeiro culto, que só tem pouca relação com o valor real de seus trabalhos, dos quais está ausente qualquer rigor clínico e doutrinal. A leitura de sua obra *princeps*, *The Transsexual Phenomenon* (New York, Julian Press, 1966) é, a esse respeito, eloqüente: ela mostra a pobreza de uma posição clínica reduzida a uma preocupação humanitária de compaixão cuja ferocidade das forças inconscientes a psicanálise pôde demonstrar.

Magnus Hirschfeld

Médico alemão nascido em 1868 e morto em 1935, Hirschfeld cria em 1918, em Berlim, o *Institut für Sexualwissenschaft*, destinado ao estudo da sexualidade humana; vai fechá-lo em 1933, antes de emigrar para a França. Quando Steinach empreende suas primeiras intervenções de castração e de implantação de ovários em ratos e cobaias, que provocavam uma mudança de comportamento sexual, Hirschfeld entrevê o meio de aliviar as dificuldades dos travestis e homossexuais que freqüentavam seu Instituto e por cujos destinos se interessava.

Opera ele mesmo o pintor dinamarquês Einar Wegener, e Felix Abraham é o primeiro de seus alunos a praticar algumas operações cirúrgicas de modificação de sexo.

Suas teorias influenciaram fortemente Harry Benjamin bem como Christian Hamburger, que foi seu aluno. Foi para experimentá-las que este último praticou, em 1952, a intervenção de mudança de sexo em George Jorgensen, considerada inaugural do transexualismo.

John Money

Psicólogo de origem neozelandesa, nascido em 1921, especializado em sexologia e emigrado para os Estados Unidos após a Segunda Guerra Mundial. Ao tornar-se professor no hospital Johns Hopkins de Baltimore, vai de imediato interessar-se pelos problemas das crianças intersexuais, às quais dedica numerosas publicações: *Hermaphroditism, an Inquiry into the Nature of a Human Paradox* (Harvard University Library, 1952), *Hermaphroditism: Recomendations concerning Assignment of Sex, Change of Sex and Psychologic Management, An Examination of Some Basic Sexual Concepts: the Evidence of Human Hermaphroditism* (Bulletin Johns Hopkins Hospital, 1955, 97), *Sexual Incongruities and Psychopathology: the Evidence of Human Hermaphroditism* (Bulletin Johns Hopkins Hospital, 1956, 98).

É por volta dos anos 60 que ele impõe sua concepção da identidade de gênero em *Imprinting and the Establishment of Gender Role* (Arch. Neur. Psych. 1957, 77).

Próximo de Harry Benjamin, parece que Money definiu a si mesmo, na época, como um "missionário" da revolução sexual dos anos 60 e 70 nos Estados Unidos. Suas posições pessoais sobre o exercício da sexualidade, sob todas as formas, foram muito controversas.

A influência que exerceu foi determinante para a adesão de Robert Stoller à tese da identidade de gênero e para o tratamento hormonocirúrgico do transexualismo.

Daniel-Paul Schreber

Presidente de câmara do Tribunal de Justiça Comum de Dresde, na Alemanha, nascido em 1842, internado num hospital psiquiátrico de 1893 a 1902, depois de 1907 até a morte, em 1911. Após estudos e uma carreira de magistrado bem corretas, sofreu um primeiro episódio psicótico, em 1884, de que rápido se recuperou; recidivou em 1893 e teve então que ser internado. Foi o primeiro a revelar numa autobiografia – *Denkwurdigkeiten eines Nervenkranken*, Leipzig, 1903 (tradução francesa *Mémoires d'un névropathe*, Le Seuil, 1975) –, à qual Freud dedicou importante estudo, a clínica precisa de uma síndrome transexual tomada no seio de um delírio paranóico de que essa síndrome era um dos elementos: "Notas psicanalíticas sobre a autobiografia de um caso de paranóia", *Cinq Psychanalyses*, PUF, 1954, Paris.

Robert Stoller

Psiquiatra e psicanalista americano nascido em 1924 e morto em 1991. Stoller começa se interessando pelo psiquismo das crianças vítimas de anomalias sexuais congênitas, volta-se depois para as patologias que acabavam de ser definidas por Harry Benjamin como tendo a ver com o transexualismo. Autor de várias obras (*Sex and Gender*, 1968 [trad. fr.: *Recherches sur l'identité sexuelle*, Gallimard, 1978]; *The Transexual Experiment*, Londres, Hogarth Press, 1975), Stoller teve papel importante no interesse dispensado a essa síndrome. Começou ostentando uma posição doutrinal rigorosa em sua apreciação clínica, depois foi progressivamente modificando sua reserva inicial quanto ao tratamento do transexualismo, diante da pressão do fato consumado endocrinocirúrgico e da adesão do corpo médico ao termo *gênero* proposto por John Money. Já no fim da vida, Stoller interessou-se mais especialmente pelas práticas perversas, entre outras o sadomasoquismo e a pornografia.

Companhia de Freud
editora

OBRAS PUBLICADAS

Psicanálise e Tempo
Erik Porge

Psicanálise e Análise
do Discurso
Nina Leite

Letra a Letra
Jean Allouch

Mal-Estar na Procriação
Marie-Magdeleine Chatel

Marguerite ou
"A Aimée" de Lacan
Jean Allouch

Revista Internacional nº 1
A Clínica Lacaniana

A Criança na Clínica Psicanalítica
Angela Vorcaro

A Feminilidade Velada
Philippe Julien

O Discurso Melancólico
Marie-Claude Lambotte

A Etificação da Psicanálise
Jean Allouch

Roubo de Idéias?
Erik Porge

Os Nomes do Pai
em Jacques Lacan
Erik Porge

Revista Internacional nº 2
A Histeria

Anorexia mental, ascese, mística
Éric Bidaud

Hitler – A Tirania e a Psicanálise
Jean-Gérard Bursztein

Littoral
A Criança e o Psicanalista

O Amor ao Avesso
Gérard Pommier

Paixões do Ser
Sandra Dias

A Ficção do Si Mesmo
Ana Maria Medeiros da Costa

As Construções do Universal
Monique David-Ménard

Littoral
Luto de Criança

Trata-se uma Criança – Tomos I e II
*Congresso Internacional de Psicanálise
e suas Conexões – Vários*

O Adolescente e o Psicanalista
Jean-Jacques Rassial

— Alô, Lacan?
— É claro que não.
Jean Allouch

A Crise de Adolescência
Octave Mannoni e outros

O Adolescente na Psicanálise
Raymond Cahn

A Morte e o Imaginário na Adolescência
Silvia Tubert

Invocações
Alain Didier-Weill

Um Percurso em Psicanálise
com Lacan
Taciana de Melo Mafra

A Fantasia da Eleição Divina
Sergio Becker

Lacan e o Espelho Sofiânico de Boehme
Dany-Robert Dufour

O Adolescente e a Modernidade – Tomos I, II e III
*Congresso Internacional de Psicanálise
e suas Conexões – Vários*

A Hora do Chá na Casa dos Pendlebury
Alain Didier-Weill

W. R. Bion – Novas Leituras
Arnaldo Chuster

Crianças na Psicanálise
Angela Vorcaro

O Sorriso da Gioconda
Catherine Mathelin

As Psicoses
Philippe Julien

O Olhar e a Voz
Paul-Laurent Assoun

Um Jeito de Poeta
Luís Mauro Caetano da Rosa

Estética da Melancolia
Marie-Claude Lambotte

O Desejo do Psicanalista
Diana S. Rabinovich

Os Mistérios da Trindade
Dany-Robert Dufour

A Equação do Sonhos
Gisèle Chaboudez

Abandonarás teu Pai e tua Mãe
Philippe Julien

A Estrutura na Obra Lacaniana
Taciana de Melo Mafra

Elissa Rhaís
Paul Tabet

Ciúmes
Denise Lachaud

Trilhamentos do Feminino
Jerzuí Tomaz

Gostar de Mulheres
Autores diversos

Os Errantes da Carne
Jean-Pierre Winter

As Intervenções do Analista
Isidoro Vegh

Adolescência e Psicose
Edson Saggese

O Sujeito em Estado Limite
Jean-Jacques Rassial

O que Acontece no Ato Analítico?
Roberto Harari

A Clínica da Identificação
Clara Cruglak

A Escritura Psicótica
Marcelo Muniz Freire

Os Discursos e a Cura
Isidoro Vegh

Procuro o Homem da Minha Vida
Daniela Di Segni

A Criança Adotiva
Nazir Hamad

Littoral
O Pai

markgraph
Rua Aguiar Moreira, 386 - Bonsucesso
Tel.: (21) 3868-5802 Fax: (21) 270-9656
e-mail: markgraph@domain.com.br
Rio de Janeiro - RJ